UNIVERSITÉ DE FRANCE.

ACADÉMIE DE DOUAI. FACULTÉ DE DROIT.

THÈSE POUR LE DOCTORAT.

L'acte public sur les matières ci-après sera soutenu le lundi 20 avril 1874, à trois heures du soir,

Par GEORGES ALLARD,
Avocat à la Cour de Douai.

Le Candidat devra en outre répondre à toutes les questions qui lui seront faites sur les autres matières de l'enseignement.

PRÉSIDENT : M. MABIRE, professeur.

SUFFRAGANTS :
- MM. TALON, DANIEL DE FOLLEVILLE, } Professeurs.
- LEFEBVRE, TERRAT, } Agrégés, chargés de cours.

LILLE,
IMPRIMERIE L. DANEL.
1874.

DES CHARGES
ET DES AVANTAGES

QUI RÉSULTENT DU COURS NATUREL
DES EAUX

AVEC UN APERÇU

DE LA

LÉGISLATION DES EAUX A ROME

Par GEORGES ALLARD,
Avocat à la Cour de Douai.

THÈSE POUR LE DOCTORAT.

LILLE,
IMPRIMERIE L. DANEL.

1874.

LÉGISLATION ROMAINE SUR LES EAUX.

INTRODUCTION.

On l'a maintes fois répété : la Méditerranée est un lac délicieux, sa situation est admirable ; son passé remonte pour ainsi dire aux premiers jours du monde, et ses souvenirs se confondent avec ceux de l'humanité. Que de rivages elle baigne, que de fleuves elle reçoit, que de continents elle unit, que d'îles elle entoure de ses belles ondes ! Elle se parfume des orangers de Cadix, et s'endort dans le golfe de Smyrne, après avoir moissonné les fleurs de l'Archipel, posant sa tête entre les colonnes d'Hercule et ses pieds d'argent sur les îles de la mer Égée, tandis que ses deux bras touchent l'Afrique et l'Italie. L'Écriture l'appelle la *mer* par excellence, et trouve pour la peindre ces expressions dont elle seule a le secret. Les Grecs lui donnèrent toutes sortes de noms harmonieux et empruntèrent au calme de ses flots l'image la plus parfaite de la beauté du visage humain : « Calme comme le calme des mers, » disait un de leurs poëtes, en parlant de cette beauté harmonieuse et sereine qui rayonne dans leurs marbres éternels.

Pendant longtemps l'histoire de la Méditerranée fut presque l'histoire du vieux-monde campé sur ses rivages, de même que ses ondes furent le théâtre flottant de tous les grands drames du passé. Elle porta tour à tour les colonies égyptiennes qui peuplèrent la Grèce, et ces aventuriers grecs qui promenèrent leur audace et leur génie sur ses flots, et ces grands exils, illustres comme des triomphes, et ces défaites qui étaient encore de la gloire ! Elle vit tour à tour Carthage, fondée pour éterniser le deuil de Didon et sa foi violée ; les Troyens, chargés de leurs dieux, et Rome, entraînée par l'ambition d'abaisser une puissance rivale, à la suivre et à la vaincre sur son propre élément.

Après la ruine de Carthage, Rome se fit la protectrice de toutes les îles de l'Ionie. Vint une époque dans ses guerres contre Mithridate, où tout le bassin de la Méditerranée recherchait sa tutelle. Aux uns elle concédait le droit italique, aux autres elle abandonnait la mer et les navires qu'elle y avait pris sur l'ennemi ; c'est ainsi qu'elle en agit avec Corfou, Apollonie et Dyrrachium.

L'archipel Ionien, les côtes voisines et presque toutes les îles de la Grèce jouissaient alors d'une prospérité inouïe. Un commerce immense se faisait par ces peuples qui, plus trafiquants que guerriers, avaient accepté le joug des Romains relevé par un traité d'alliance, à condition de trouver dans leur négoce avec Rome un moyen de s'enrichir. Ce magnifique bassin de la Méditerranée devenait un lac romain des rives duquel la République tirait des parfums, des esclaves, du blé et toutes sortes de richesses.

Mais à côté de ce commerce qui embrassait le monde entier, et comme une ombre à ce brillant tableau, on pouvait voir une piraterie non moins riche et non moins puissante, qui attaquait des villes fortifiées, les rançonnait, saccageait les temples, battait même les flottes de la République et interceptait les convois de blé destinés à l'alimentation de Rome. Il ne fallut rien moins que la dictature et cinq cents navires montés par cent mille soldats pour dompter ces audacieux brigands de la mer, qui, pourchassés de mer en mer, et reculés dans leurs retraites de la Cilicie, durent se soumettre à Pompée leur vainqueur.

Depuis lors, le puissance maritime des Romains ne fit que s'accroître. Jamais les flottes de la République ne furent plus belles ni mieux commandées que dans les guerres qui suivirent la mort de César. Chaque compétiteur eut son armée navale; Octave, Lepide, Sextus Pompée, et Antoine perdant le monde pour ne pas perdre le sourire de Cléopâtre: « Je n'ai pas fui, disait-il, je l'ai suivie. »

Chose étrange, le peuple Romain qui, pendant près de cinq siècles était resté étranger par penchant comme par circonstances à la science de la navigation, vit ses destinées et celles du monde entier se fixer par la guerre maritime. La victoire navale d'Actium donna un maître à Rome, mais rendit du moins au monde l'ordre et la paix. De là un nouvel essor donné au commerce et aux expéditions maritimes.

Cependant l'Empire Romain, après avoir atteint sous Trajan l'apogée de sa puissance, descendait à grands pas vers la décadence et la dissolution. Un instant Byzance retient sur son déclin rapide la civilisation du vieux monde, mais déjà l'Occident est la proie des barbares, et l'on peut prévoir le jour où l'Empire d'Orient tombera au pouvoir des Turcs.

Si la mer dans son immensité a glacé d'effroi le premier qui osa se hasarder sur ses flots, s'il fallut à ce hardi navigateur, suivant la belle expression d'Horace, « un cœur cuirassé d'une triple armure, »

Illi robur et æs triplex
Circa pectus erat, qui fragilem truci
Commisit pelago ratem
Primus. . . . .

Les avantages que des eaux plus calmes ont procurés aux populations riveraines des fleuves, la tranquilité dont elles jouissaient sur leurs bords, les plaisirs et les produits de la pêche, la fertilité extraordinaire des terres augmentée par les inondations périodiques de certains fleuves, comme celles du Nil, par exemple, ont disposé les hommes des temps anciens à avoir une grande vénération pour les rivières.

Les traditions bibliques s'accordent, à cet égard, avec les témoignages de l'histoire. Les Égyptiens adoraient le Nil, les Indiens vénéraient le grand et le petit Gange ; les Scythes, le Danube, les Massagètes, le Tanaïs, et les Athéniens, l'Ilissus. L'impie qui traverse un fleuve sans purifier ses mains, dit Hésiode, provoque la colère des dieux et s'attire des malheurs dans l'avenir. Jules César voue au Rubicon, avant de le traverser pour marcher sur Rome, un grand nombre de chevaux qu'il abandonne à eux-mêmes dans les prairies qui le bordent. Les Romains, apprenant que Néron s'était baigné dans la fontaine de l'Aqua-Martia, lui en font un crime et sa vie même est en danger.

Du reste, cette adoration que les peuples de l'antiquité avaient pour les rivières et les sources, peut s'expliquer par la nature même de l'élément ; l'effet si salutaire des pluies et même des inondations, dont nous avons parlé plus haut, sur les productions de la terre, devaient produire dans les premiers siècles de la vie des hommes, un effet immense sur leur imagination. *Etiam precor lympham*, disait Marcus Terentius Varron, dans son traité *de re rustica*, *quoniam sine aqua omnis misera est agricultura.*

L'eau, comme le pain, c'est la vie, dit l'Écriture. Indispensable à l'homme pour étancher sa soif, pour entretenir sa santé et la propreté de son corps, de ses vêtements et de son habitation, elle n'est pas moins utile aux animaux et aux végétaux. Où l'eau jaillit et coule, là règnent la fertilité et l'abondance; où l'eau manque, tout ce qui vit ou végète manque aussi. Quand le voyageur, perdu dans les solitudes sans fin du désert, vient à découvrir de loin à l'horizon immense comme un paradis au milieu de cet enfer, si ses yeux charmés s'arrêtent de nouveau sur la verdure des arbres, c'est une source qui a opéré ce miracle.

Aussi les Romains, qui au début, furent un peuple d'agriculteurs et de soldats, avaient-ils soigneusement réglé l'usage des eaux pour les besoins de l'agriculture. On peut même dire que cet objet avait plus particulièrement que tout autre attiré l'attention de leurs jurisconsultes. Ils avaient, avec une attention scrupuleuse, déterminé et résolu d'intéressantes hypothèses. Enfin ils avaient posé pour les eaux publiques des principes de sage liberté; point d'octroi de navigation, point de péages vexatoires; chacun avait le droit de naviguer librement sur un fleuve, et possédait une action pour faire maintenir ce droit. Faut-il parler des aqueducs, de ces voies aériennes qui amenaient à Rome les eaux nécessaires à son alimentation et dont le poëte Rutilius admirait la savante hardiesse :

Quid loquar aerio pendentes fornice rivos
Qua vis imbriferas tolleret Iris aquas ?
Hos potius dicas crevisse in sidera montes ;
Tale giganteum græcia laudat opus.
Intercepta tuis conduntur flumina muris ;
Consumunt totos celsa lavacra lacus.
Nec minus et propriis celebrantur roscida venis,
Totaque nativo mœnia fonte sonant.

Les trophées et les temples que saluait Rutilius sont dans la poussière ; la plupart de ces merveilleuses lignes d'aqueducs qu'il vit debout sont brisées !... Deux seulement, que les papes ont réparées, suffisent pour abreuver la Rome moderne avec une profusion qu'on admire encore, car c'est même aujourd'hui un des grands charmes de cette ville que les nombreuses fontaines dont elle est toute remplie et toute résonnante comme au temps de Rutilius.

CHAPITRE Ier.

DE LA MER. — DU RIVAGE. — ÉPAVES. — ILES.

Mare natura omnibus patet.
(Ulpien.)

§ Ier. **De la mer.** — La mer est après l'air la chose la moins susceptible de propriété. Elle est insaisissable, relativement infinie, et n'appartient en propre à aucune nation, ou plutôt elle est dans le domaine du genre humain tout entier : tout homme a le droit d'en user suivant ses besoins et peut dire comme Latone dans les Métamorphoses d'Ovide :

Quid prohibetis aquas? Usus communis aquarum,
Nec solem proprium natura, nec aera fecit,
Nec tenues undas (1).

« On possède les choses qui ont une borne, une limite déterminée, a dit Grotius, mais celles qui sont insaisissables et indéfinies, résistent à l'appropriation, c'est-à-dire à la puissance de l'homme.... *occupatio non procedit nisi in re terminata* (2). Qu'un lac, qu'un étang, un ruisseau, un cours d'eau, devienne la propriété d'un homme ou de plusieurs, cela se conçoit; ces objets ont une borne; la terre qui les enserre ou leur sert de rivage marque leur

(1) Ovide, *Metam.*, VI, 8. — « Qui pourrait nous empêcher, ajoute le même poëte, d'emprunter de la lumière à la lumière? Qui pourrait prétendre à s'approprier les eaux de la vaste mer? »

Quis vetet opposito lumen de lumine sumi,
Atque cavuua vastas in mare servet aquas?

(2) Grotius, *De jure pacis et belli*, lib. 2, cap, 2, § 3.

commencement et leur fin, et donne à leur occupation quelque chose de fixe et de certain. Mais la mer qui est plus grande que la terre, la mer dont l'étendue dépasse le cercle de nos connaissances, et confond la curiosité de nos recherches, ne peut que rester dans un éternel état d'éternelle inappropriation. » Ces pensées de Grotius sont d'une vérité saisissante : en effet « la terre est travaillée par l'homme, les montagnes sont coupées par ses routes, les rivières se resserrent en canaux pour porter ses marchandises ; mais si les vaisseaux sillonnent un moment les ondes, la vague vient effacer aussitôt cette légère marque de servitude, et la mer reparaît telle qu'elle fut au premier jour de la création (1). » C'est cette belle idée de Mme de Staël qui sans doute a inspiré M. Troplong, lorsqu'il a dit : « Quand il s'agit de la mer, l'occupation ne peut être qu'actuelle, et il ne lui est pas donné de se revêtir des qualités qui la font passer à l'état de propriété. L'occupation en effet doit laisser des traces. Il faut qu'elle s'exerce sur une matière susceptible d'être façonnée et subjuguée par le travail de l'homme, de sorte que le travail s'ajoute à la matière, la transforme et grave dans son sein la main de ce nouveau créateur. Tout cela est impossible, lorsque l'industrie humaine agit sur la mer. Le navire vogue et fend l'onde, mais l'onde reste toujours la même, elle ne s'assimile pas, et le vaisseau après avoir fui, ignore, pour ainsi dire, où il a passé. On occupe donc la mer, mais on ne la possède pas ; on la parcourt, mais c'est comme l'oiseau qui voltige dans les airs, sans que l'art de l'homme, si puissant à modifier tout le reste, puisse parvenir à marquer la place qu'il a eue, et la route qu'il a tenue (1). »

Quelques nations ont eu cependant la singulière prétention de s'attribuer le domaine de certaines mers. Les découvertes des Portugais et des Espagnols dans les deux Indes, en donnant un essor considérable au commerce et à la navigation, inspirèrent à chaque Etat maritime déjà puissant, ou se croyant en mesure de le devenir, le désir de tirer à soi le plus possible de ces éléments nouveaux de

(1) Mme de Staël, *Corinne*, liv. I, ch. 4.

(2) Troplong, *Traité des prescriptions*, t, I, p. 181.

richesses, au détriment des nations voisines ou rivales. Ainsi les Portugais prétendaient à la propriété absolue de toutes les mers où ils avaient pénétré les premiers. Venise soutenait qu'elle avait sur l'Adriatique une propriété exclusive, et cette prétention était portée si loin, que tous les ans elle célébrait des épousailles formelles entre le doge et la mer Adriatique; le doge, en signe d'alliance, jetait dans les flots la bague de l'hyménée! C'est toujours par le même motif injuste que Gênes chercha à s'approprier la mer Ligurienne; le Danemarck, la mer Baltique; et qu'enfin l'Angleterre, au XVIIe siècle, éleva la prétention d'être la souveraine de la plupart des mers communiquant avec celles qui baignent ses côtes, c'est-à-dire de toutes les mers de l'univers, puisque toutes les mers se communiquent entre elles. On vit alors se débattre la question du domaine de la mer, *dominium maris*, qui donna lieu à deux savants plaidoyers restés fameux dans l'histoire. Grotius, dans son traité *de mari libero*, et Selden, dans une dissertation intitulée *mare clausum*, ont attaché leur nom à cette célèbre controverse.

Déjà les jurisconsultes romains s'étaient posé la question de savoir si la mer était susceptible d'une propriété quelconque et l'avaient résolue d'une façon négative : *Naturali jure communia sunt omnium hæc : aer, aqua profluens, mare et per hoc littora maris* (1). Ulpien, de son côté, proclame qu'il est dans la nature de la mer d'être ouverte à tous les hommes, *mare natura omnibus patet* (2). Celsus reconnait aussi que l'usage de la mer est commun à tous les hommes, *maris communem usum omnibus hominibus ut aeris* (3). Et on lit dans Théophile : Φυσικῷ μεν δυν διχαίῳ κοινὰ πάντων ἀνθρώπων ἐστὶ ταυτα : ὁ ἀὴρ, τὸ ὕδωρ το ἀίνναον, θάλασσα. S'appuyant sur ces textes, Grotius veut établir que depuis les temps les plus reculés jusqu'à l'époque de Justinien, le droit des gens de l'Empire romain a été fondé sur la grande maxime de la *Liberté des mers : Fatendum est in partibus cognitis romano imperio, a primis temporibus ad*

(1) Inst., § 1, *de divis. rerum*. — l. 2, § 1, *de rer. divis.*

(2) L. 13, *communia præd. tam urb.*

(3) L. 3, *ne quid in loco publico.*

Justinianum usque, juris gentium fuisse ne mare a populo occuparetur, etiam quod jus piscandi attinet (1).

Mais cette maxime n'est elle-même que le corrolaire d'un autre principe bien plus large, et qui sert de fondement au droit international tout entier. C'est le principe de l'*indépendance mutuelle* de tous les peuples, sans lequel la *liberté des mers* ne serait qu'un mot. Il importe donc peu que l'on rencontre ce mot écrit dans la loi romaine, si la politique de Rome, loin de reconnaître le principe de l'indépendance mutuelle des peuples, ne tendait qu'à le détruire pour y substituer celui de sa propre indépendance développé jusqu'à la domination universelle. « Les Romains, dit Bossuet, ne prétendaient à rien moins qu'à mettre premièrement leurs voisins et ensuite tous l'univers sous leurs lois. (2) » — « Rome, ajoute Montesquieu n'était pas, à proprement parler, une monarchie ni une république, mais la tête du corps formé par tous les peuples du monde (3) » Cicéron nous représente le Sénat romain comme le port et le refuge des nations et des rois, *regum, populorum, nationum portus erat et refugium senatus* (4). Mais ce triomphe de la nationalité romaine, dont s'enorgueillit le grand orateur, qu'était-ce après tout, si ce n'est l'abaissement de tous les autres peuples et l'anéantissement de leur indépendance?

Aussi croyons-nous avec M. Cauchy qu'il ne faut pas donner aux textes latins cités plus haut plus de portée qu'ils n'en avaient dans la pensée des jurisconsultes du siècle de Marc-Aurèle. « Sur quelles questions, dit-il, ces jurisconsultes avaient-ils à répondre? Sur de simples questions de *droit privé*, ou de *droit public intérieur*. Ils avaient en vue les procès qu'un particulier peut avoir avec son voisin, ou avec les agents de la navigation ou du domaine, au sujet de la pêche dans une baie, ou de la possession temporaire d'une portion du rivage, et non les querelles qui peuvent s'élever de peuple à peuple, touchant la libre navigation de la

(1) Grotius, *De jure belli ac pacis*, lib. 2, c. 3, § 9.
(2) Bossuet, *Disc. sur l'hist. univ.*, 3e partie, § 6.
(3) Montesquieu, *Grand. et décad. des Rom.*, ch. 6.
(4) Cicéron, *De Officiis*, lib. II, c. 8.

vaste mer (1) ». Le savant publiciste ajoute plus loin: « C'est le propre des jurisconsultes éminents de formuler, à propos d'un cas spécial, de ces principes dont l'application se fait ensuite naturellement à toute une matière ; tel est l'ascendant qu'exerce la vérité, quand elle est une fois nettement reconnne et proclamée par une bouche éloquente et autorisée. Mais je ne saurais admettre, malgré l'opinion de Grotius qu'il faille conclure des textes cités tout-à-l'heure que, depuis les temps les plus reculés jusqu'à l'époque de Justinien, le droit des gens de l'Empire Romain ait été fondé sur la grande maxime de la liberté des mers. On peut, ce me semble, soutenir, avec plus de vérité, que cette maxime n'a pris définitivement sa place dans le droit des gens qu'à l'époque où les droits des neutres ont été admis et réglés. » Nous avons vu plus haut pour quels motifs ces droits étaient presque inconnus de l'antiquité.

§ II. **Du rivage de la mer.** — Les Romains donnaient ce nom aux parties de la terre alternativement couvertes et délaissées par les flots. Celsus le définit ainsi: « Il va, dit-il, jusqu'à l'endroit où la mer monte dans les plus hautes marées, *quousque maximus fluctus a mari pervenit*,... (2) » Il fait d'ailleurs honneur de cette définition à Cicéron qui, dans ses Topiques, l'attribue lui-même au jurisconsulte Aquilius Gallus (3) » Le rivage de la mer, dit à son tour Justinien dans ses Institutes, va jusqu'où s'avancent les plus hautes vagues d'hiver, *quatenus hibernus fluctus maximus excurrit* (4) ».

Ces deux définitions si identiques dans leurs termes qu'elles ont été regardées comme synonymes par un grand nombre de commentateurs, n'ont cependant pas la même portée. D'un côté la définition de Celsus est générale et s'applique à tous les rivages de l'Empire, tandis que Justinien par l'emploi de l'adjectif *hibernus*,

(1) Cauchy, *le Dr. Marit. internat.*, t. I, p. 175.

(2) l. 96, *de verb. signif.*

(3) Cicéron, *Topic.*, 7.

(4) Inst. § 3, *de divis. rerum.*

en restreint l'application aux rivages baignés par la Méditerranée. Déjà, en effet, du temps des Romains on savait que l'Équinoxe est l'époque des plus hautes marées de l'Océan, tandis que pendant l'hiver le vent du sud-ouest refoule par le détroit de Gadès des masses d'eau considérables qui élèvent le niveau de la Méditerranée. D'ailleurs l'empire de Justinien ne s'étendait pas au-delà de cette mer, ce qui explique la portée plus restreinte de sa définition.

Le rivage ainsi défini, il nous reste à en rechercher la nature. Faut-il le ranger dans la catégorie des choses communes? Faut-il au contraire le ranger dans la catégorie des choses publiques? Ces deux classes de choses présentent des caractères différents, qu'il importe tout d'abord de bien déterminer. Elles ont, il est vrai, un caractère commun : elles échappent par leur nature à toute appropriation privée. Mais les unes appartiennent en quelque sorte au genre humain, tout homme peut en user à sa volonté : tels sont l'air, l'eau courante, la mer. Les autres appartiennent non plus au genre humain tout entier, mais à un certain peuple, aux habitants d'un certain pays; l'usage en est laissé à tous les citoyens, et même par faveur aux étrangers, sous la surveillance de l'État, chargé de réglementer et de protéger cet usage; tels sont les ports et les fleuves.

La mer étant commune, la majorité des auteurs décide que par voie de conséquence le rivage l'est aussi; car, disent-ils, le rivage, qui n'est que la portion de terre que couvrent les plus hautes marées, participe nécessairement du caractère de la mer. Ils invoquent à l'appui de cette opinion le passage suivant de Marcien, reproduit par les Institutes, qui semble en effet trancher la question d'une façon très nette : *Naturali jure communia sunt omnium hæc : aer aqua profluens, et mare, et per hoc littora maris* (1).

Néanmoins nous préférons l'opinion qui range le rivage de la mer dans la catégorie des choses publiques. Plusieurs jurisconsultes se prononcent formellement en ce sens. Je pense, dit Celsus, que les rivages sur lesquels le peuple romain a son empire, sont au

(1) L. 2, *de Rer. divis.* — Inst., § 1, *de divis. rerum.*

peuple romain : *littora in quæ populus romanus imperium habet, populi romani esse arbitror* (1). Le rivage de la mer, d'après Javolenus, est dit public jusqu'à l'endroit où elle porte ses eaux dans les plus hautes marées : *Littus publicum est eatenus qua maximè fluctus exæstuat* (2). Ciceron dans le passage des Topiques cité plus haut, attribue la même opinion au jurisconsulte Trebatius, à qui il adresse son ouvrage. Lorsque, dit-il, il était question du rivage que vous regardiez comme une dépendance du domaine public...., *Quum de littore ageretur, quæ omnia publica esse vultis*.... Enfin Neratius lui-même, si on lit attentivement la loi 14 *de acquirendo rerum dominio*, semble également se prononcer en ce sens.

Quant au passage de Marcien dont argumente l'opinion adverse, il est facile de prouver qu'il contient une erreur évidente, lorsqu'il assimile le rivage à l'air et à la mer. La mer est absolument libre et commune à tous les hommes ; aucune nation ne peut en interdire l'accès aux autres peuples. Il n'en est pas de même du rivage sur lequel chaque peuple riverain exerce un droit de police dans l'intérêt de sa propre sécurité, pouvant ainsi en interdire l'accès aux nations voisines, et empêcher tout établissement nuisible à la navigation. De là la nécessité de l'autorisation du préteur pour construire sur le bord de la mer. Pourquoi dès lors ranger les fleuves et les ports parmi les choses publiques et en exclure le rivage dont la condition juridique est absolument identique ? Aussi Théophile qui reproduit l'énumération des choses communes donnée par les Institutes, omet-il avec raison de citer le rivage et se borne-t-il à dire : Les choses qui sont communes de droit naturel à tous les hommes sont celles-ci : l'air, l'eau qui coule toujours, la mer. *Φυσικῷ μεν δυν δικαίῳ κοινὰ πάντων ἀνθρώπων εστὶ ταυτα ὁ ἀὴρ, τὸ ὕδωρ τὸ ἀέναον, θάλασσα.*

Peut-être même pourrait-on concilier le texte de Marcien avec notre système. Au début de la législation romaine, alors que tous

(1) l. 3, *ne quid in loco publ.*

(2) l. 112, *de verb signif.*

(3) Cicéron, *Topic.* 7.

les pays du monde connu n'étaient que des provinces de l'Empire, les jurisconsultes n'avaient aucun intérêt à distinguer et ne distinguaient pas entre les choses communes à l'humanité tout entière et celles dont l'usage appartenait aux seuls citoyens romains ; ils pouvaient en effet les confondre sans inconvénient, Rome étant, comme nous l'avons dit, maîtresse de l'univers. Aussi voyons-nous Marcien faire seulement quatre divisions des choses : *Quædam naturali jure communia sunt omnium*, *quædam universitatis*, *quædam nullius*, *pleraque singulorum* (1), tandis que Gaius, dans ses Institutes, divise les choses *humani juris* en choses privées et publiques, et comprend par suite les choses communes parmi ces dernières. Mais sous Justinien, la situation est toute différente; à côté du peuple romain il y a d'autres peuples indépendants, les Francs, les Germains, les Perses. Aussi les Institutes distinguent-ils entre les choses communes dont tout homme peut user suivant ses besoins, et les choses publiques dont la jouissance est réservée aux citoyens romains; malheureusement les compilateurs ont laissé subsister çà et là sans y prendre garde des textes qui les confondent. C'est ce qui explique, suivant nous, l'épithète de *communia* appliquée par les Institutes aux rivages, alors que tout tend au contraire à les faire rentrer dans la catégorie des choses publiques.

Connaissant la nature du rivage, il nous sera maintenant facile de rechercher les droits dont il peut être l'objet. Le rivage n'est la propriété de personne, mais tous peuvent en jouir sous la surveillance de l'Etat, chargé de réglementer cet usage. Ainsi chacun a le droit de s'approcher du rivage pour pêcher (3), d'y débarquer et d'y faire sécher ses filets (4); toute personne peut même sans autorisation y établir de petites cabanes pour s'y abriter et y retirer le

(1) l. 2, *de divis. rerum.*

(2) Hæ autem res quæ humani juris sunt, aut publicæ sunt, aut privatæ. (Gaius, c. II, § 10).

(3) Nemo ad littus maris accidere prohibetur piscandi causa. (l. 4, *de divis. rerum*).

(4) Quibuslibet liberum est retia siccare et ex mari reducere. (Inst. § 5, *de Rer. divis.*).

produit de sa pêche (1), pourvu bien entendu qu'il ne s'agisse que d'un établissement provisoire.

Cependant à côté de cette faculté accordée à tous les habitants de l'Empire et dans une certaine limite aux étrangers eux-mêmes, les particuliers pouvaient obtenir de l'Etat l'autorisation d'occuper d'une façon permanente une portion du rivage. Les propriétaires de maisons ou de magasins voisins de la mer pouvaient, moyennant une redevance annuelle, établir des terrasses ou des quais qui s'avançaient au-dessus des flots (2). Les établissements les plus importants construits sur le rivage étaient les pêcheries et les parcs à coquillages, source d'un grand commerce parmi les Romains, qui, comme on le sait, étaient de grands amateurs de poisson (3).

La construction une fois faite sur le rivage appartient en propre au constructeur et entraîne avec elle appropriation temporaire du

(1) In mari piscantibus liberum est casam in littore ponere qua se recipiant (liv. 5, *de divis. rerum*).

(2) Les patriciens aimaient à agrandir ainsi au moyen de chaussées faites sur la mer les dépendances de leurs villes, et, suivant l'expression d'Horace, ils enlevaient aux poissons une partie de leur empire :

Contracta pisces æquora sentiunt
Jactis in altum molibus.
(HORACE, liv. III, od. 1).

Ailleurs, le même Horace, parlant du luxe de son siècle, s'écrie : Le rivage est trop étroit pour ton domaine, et te voilà jaloux de l'écume, envahissant sur les sables et sur les flots de la mer de Baïes

Marisque Baiis obstrepentis urges
Summovere littora,
Parum locuples continente ripa.
(HORACE, liv. II, od. 18).

Les mers, dit Senèque le déclamateur, sont repoussées par les rochers qu'on y jette. Plutarque nous raconte de Lucullus, qu'il avait entouré ses maisons de campagne de bassins d'eau de mer et de canaux pleins de poissons, et qu'il avait construit des palais dans la mer même. Aussi, le grand Pompée l'appelait-il un Xerxès romain.

(3) Columelle et Varron s'élèvent contre cette prédilection désordonnée accordée aux produits des eaux sur les autres aliments. Ces auteurs citent parmi les mets les plus estimés : l'esturgeon (acipenser), le thon (thynnus), le turbot

sol qui la supporte (1) ; mais sitôt que par une cause quelconque elle a complètement disparu, le sol qu'elle occupait redevient public, comme s'il n'avait jamais cessé de l'être : à peu près comme le citoyen réduit en esclavage par l'ennemi, recouvre sa liberté, s'il repasse la frontière de la patrie, *quasi jure postliminii*, disaient les jurisconsultes romains (2). Cette faculté de bâtir sur le rivage n'est donc pas en réalité un droit parfait dont on puisse se prévaloir devant la justice (3), mais une simple tolérance qui s'obtient par un décret du préteur (4). Celui-ci pourra s'opposer à la construction, s'il doit en résulter un empêchement ou une gêne pour la navigation de la mer, ou pour la circulation sur le rivage, ou un dom-

(rhombus) et le mullet (mullus). Les coquillages n'étaient pas moins recherchés, et certains pays avaient acquis une véritable renommée par les espèces précieuses recueillies sur leurs côtes :

> Non omne mare est generosæ fertile testæ;
> Murice Baiano melior Lucrina peloris;
> Ostria circeis miseno oriuntur echini;
> Pectinibus patulis jactat se molle Tarentium.
>
> (HORACE, liv. II, sat. 4, vers 30.)

Un chevalier romain, Sergius Orata, donna une impulsion très-grande à la pêche de l'huître, ce précieux coquillage que Pline appelle *mensarum palma et gloria*; il créa au temps de la guerre des Marses (an de Rome 660) les premiers parcs à huîtres sur le rivage de Baies, et trouva bientôt de nombreux imitateurs. Les parcs les plus renommés étaient ceux du lac Lucrin; on y déposait les huîtres recueillies sur les côtes les plus éloignées et rapportées même de Bretagne, *Rutipino edita fundo* (Juvenal, sat. IV, vers 141) ; on prenait surtout les huîtres de Brindes qu'on faisait repaître dans les eaux du lac après les avoir affamées par ce long trajet (Pline, *Hist. nat*, liv. IX, N° 79).

(1) Si quis in littore ædificet, licet in suo non ædificat, jure tamen gentium suum facit (l. 1, § 18, *de operis novi*). — Quod in littore quis ædificaverit ejus erit (l. 14, *de acquir. Rer. domin.*).

(2) Ædificio dilapso, quasi jure postliminii, revertitur locus in pristinam causam (l. 6, *de divis. rer. et qualit.*), c'est-à-dire, comme l'explique Neratius, perinde publicus est ac si nunquam in eo ædificatum fuisset (l. 14, *de acquir. Rer. Domin.*)

(3) Civilem eum actionem de faciendo nullam habere non dubito. (Pomponius; l. 50, *de acquir. Rer. domin.*).

(4) Decretum prætoris adhibendum est ut id facere (scilicet in littore publico vel in mari ædificare) liceat (l. 50, *de acquir. Rer. domin.*).

mage quelconque pour autrui (1). De deux choses l'une, ou le constructeur a fait les travaux sans avoir sollicité de permission, ou il a bâti malgré le rejet de la demande qu'il avait formée. Dans le premier cas, si l'édifice nuit à l'usage public, le préteur en ordonne la démolition ; s'il n'y a pas de dommage, on tolère cette construction, *ne ruinis urbs deformetur*, mais le constructeur doit payer une rente foncière appelée *solarium* (2). Dans la seconde hypothèse, lorsqu'on a bâti malgré un refus d'autorisation, la démolition est toujours ordonnée, que l'édifice nuise ou non à l'usage public, afin de faire respecter la décision du préteur (3).

Quant aux particuliers, à qui l'occupation du rivage portait préjudice, alors que le préteur avait accordé son autorisation, on n'avait pas jugé à propos d'ordonner la démolition de l'édifice, une voie de réclamation leur restait ouverte, c'était l'interdit (4).

§ III. **Epaves.** — Sous ce nom nous comprenons tous les objets que la mer laisse sur ses côtes en se retirant. Ces objets sont de deux sortes. Les uns n'ont pas de propriétaires : tels sont les coquillages, les cailloux, les pierres précieuses qu'on trouve sur les bords de la mer, les herbes marines ; ce sont des *res nullius*. Les autres, au contraire, ont un maître qui n'a pas renoncé à son droit de propriété, en en perdant la possession : tels sont les objets prove-

(1) Si in mari aliquid fiat, Labeo ait competere tale interdictum : Ne quid in mari inve littore, quo portus, statio, iterve navigio deterius sit, fiat (l. 1, § 17, *de fluminibus*). Quotiens quo aliquid in publico fieri permittitur, ita oportet permitti ut sine injuria cujusquam fiat (l. 2, § 10, *ne quid in loco publ.*).

(2) Si quis nemine prohibente in publico ædificaverit, non esse eum cogendum tollere, ne ruinis urbs deformetur : et qui prohibitorium est interdictum, non restitorium ; si tamen obstet id ædificium publico usui, utique is, qui operibus publicis procurat, debebit it deponere : aut si non obstet, solarium ei imponere... (l. 2, § 17, *ne quid in loco publ.*)

(3) Qui adversus edictum prætoris ædificaverit, tollere ædificium debet... (l. 7, *ne quid in loco publ.*).

(4) Ait prætor : Ne quid in loco publico facias, inve eum locum immittas, qua ex re quid illi damni detur... interdictum dabo (l. 2, *ne quid in loco publ.*).

nant des naufrages ou ceux qu'on jette à la mer pour alléger un navire en péril : ce sont les *res deperditæ* et les *res jactæ*.

Pas de difficulté d'abord en ce qui touche les coquillages, les cailloux, les pierres précieuses que l'on trouve sur les bords de la mer ou dans son sein. *Lapelli et gemmæ, et cætera quæ in littora inveniuntur jure naturali statim inventori fiunt*, disent les Institutes (1). Du moment en effet qu'une chose n'a jamais appartenu à personne, il est rationnel d'en attribuer la propriété au premier occupant (2).

Quant aux objets jetés à la mer pour alléger le navire, ils restaient à leurs propriétaires (3). Il est en effet évident que dans ce cas celui qui se détermine à un pareil sacrifice ne le fait pas avec l'intention

(1) Inst., § 18, *de Rer. diviv.* — L. 3, *de divis. rerum.* — Gemmæ, lapilli, margaritæ in littoribus inventæ, ejus fiunt, qui primus eorum possessionem nanctus est (l. 1, § 1, *de adquir. poss.*). — Pro derelicto rem a domino habitam si sciamus possumus acquirere (l. 2, *pro derelicto*).

(2) On s'est demandé comment devait s'opérer cette prise de possession. Faut-il qu'elle ait lieu *corpore*, et, suivant l'expression de Pothier, est-il nécessaire qu'*on mette la main sur l'objet ?* ou bien, suffit-il, comme on l'a dit, de voir la chose et de vouloir la posséder ? Ici se pose l'espèce tranchée par les fabulistes. Trachalion et Grippus, dans le *Rudens* de Plante, ont trouvé une valise sur le bord de la mer et s'en disputent la possession :

Grippus. *Quemne ego excepi ex mare.*
Trachalion. *Et ego inspectavi e littore.*

(*In Rudente*, acte IV, scène 3.)

Et moi je l'ai sentie, ajoute le Plaideur de La Fontaine (liv. IX, 9).

On invoque en faveur de la seconde opinion le passage suivant d'Ulpien : *Non est necesse corpore et actu apprehendere possessionem, sed etiam oculis et affectu* (l. 1, § 21, *de acquir. poss.*) Mais il s'agit dans ce texte de la tradition, c'est-à-dire de la transmission de la possession d'une personne à une autre, laquelle peut s'opérer au moyen de certaines fictions, tandis que la possession originaire qui produit la propriété par l'occupation exige l'appropriation même de la chose.

(3) Cette décision nous est donnée par Paul : *Res jactata domini manet, nec fit apprehendentis, quia pro derelicto non habetur.* — *Si quis eas fluctibus expulsas, vel etiam in ipso mari nactas, lucrandi animo abstulerit furtum committit*, ajoute Justinien (Inst., § 48, *de Rer. divis.*).

précise de renoncer à son droit sur les choses jetées (1); il n'a d'autre but que de sauver le restant de la cargaison et le navire lui-même.

Il en est de même des objets provenant des naufrages, bien qu'une opinion considérable ait voulu les attribuer au fisc. A l'appui de cette opinion, Selden (2) invoque la loi 9 *de lege Rhodia* (3); mais le texte assez obscur d'ailleurs de cette loi est vivement combattu par un édit d'Adrien, dans lequel ce prince défend de piller les objets provenant de navires naufragés, et ordonne aux gouverneurs de les restituer à ceux qui prouveraient les avoir perdus (4). Un rescrit du même prince et de son successeur Antonin décide que les particuliers et les agents de l'État devront laisser aux naufragés la liberté de pourvoir au sauvetage de leurs marchandises : *Licere*

(1) Res autem jacta domini manet, nec fit adprehendentis : quia pro derelicto non habetur (Paul, l. 2, § 8, *de lege Rhodia*). — Qui levandæ navis gratia res aliquas projiciunt, non hanc mentem habent, ut eas pro derelicto habeant... (Julien, l. 8, *de lege Rhodia*). — *Sic* l. 21, *de adquir. poss.* — l. 9, § 8, *de acquir. Rer. domin.* — *Secus* Ulpien, l. 43, § 11, *de furtis.*

(2) Selden, *De mare clauso*, liv. I, ch. 24.

(3) *Ego quidem mundi dominus, lex autem maris*, répond dans cette loi l'empereur Antonin à un certain Eumédon, qui se plaint de ce que, dans un naufrage, ses biens lui ont été pris par les agents du fisc, *lege Rhodia quæ de rebus nauticis præscripta est, judicetur, quatenus nulla nostrarum legum adversatur.* La terre obéit à mes lois, la mer à la loi rhodienne; nulle de mes lois n'est contraire à la loi rhodienne qui décide la question.

Comme on le voit, ce texte assez obscur en lui-même est loin de trancher la question. Les partisans de l'opinion de Selden citent encore quelques vers de Juvénal, dans lesquels ce poète nous dit que, s'il faut en croire Palphurius et Armilletus, c'est au fisc que reviennent de droit toutes choses précieuses qui se trouvent dans la mer :

Si quid Palphurio, si credimus Armillato,
Quidquid perspicuum pulchrumque ex æquore toto
Res fisci, ubicunque natat.....
(Sat. IV).

Mais il faut dire que cette opinion, rapportée par Juvenal, était celle de deux délateurs aux gages de Domitien.

(4) L. 7, *de incend.*

unicuique naufragium suum impune colligere constat(1). — La loi 1 au Code *de naufragiis* est encore plus formelle(2).

Des peines sévères étaient même prononcées contre ceux qui s'emparaient des objets dans un naufrage, les recélaient ou les endommageaient. Ils étaient punis du quadruple (3) et même, dans certains cas, de peines corporelles (4); mais cela n'était applicable qu'à ceux qui avaient pris pendant le naufrage et non pas à ceux qui s'étaient emparés d'objets trouvés après le sinistre. Ces derniers n'étaient tenus que de l'action du vol, comme s'étant emparés frauduleusement de la chose d'autrui (5).

§ IV. **Iles.** — L'île qui naît dans la mer, ce qui à la vérité est fort rare, appartient au premier occupant. C'est en effet une chose *nullius* proprement dite : ersonne n'a jamais eu et ne peut prétendre un droit quelconque avant l'occupation. Mais il est aisé de se convaincre qu'une telle acquisition ne peut guère profiter qu'à une personne, assez puissante pour la conserver. Aussi la propriété des îles trop étendues pour qu'un particulier puisse se les approprier ne pourra-t-elle être acquise que par un État, encore devra-t-il être capable de la défendre et de la maintenir effective.

(1) L. 12, *de incend.*

(2) Si quando naufragio navis expulsa fuerit ad littus, vel si quando aliquam terram attigerit, ad dominos pertineat : fiscus meus sese non interponat..... (const. 1, *de naufragiis*).

(3) L. 1, *de incend.*

(4) L. 4, § 1, *de incend.*

(5) L. 3, *de in cend.*

(6) Inst., § 22, *de rer. divis.*

CHAPITRE II.

DES COURS D'EAU.— DE LEUR LIT.— BERGES ET RIVES. ILES. — ALLUVION. — SOURCES.

Les rivières sont des chemins qui marchent.

(PASCAL.)

§ Ier. **Des Cours d'eau.** — Avant d'aborder l'étude des textes souvent contradictoires en cette matière du Digeste et des Institutes, il est bon de rechercher quelle était la condition réelle des cours d'eau et d'éclairer notre marche au moyen de quelques notions historiques sur la nature de la propriété à Rome. Il faut se rappeler que le territoire romain était un territoire conquis ; or la conquête ayant été l'œuvre commune, le produit de cette conquête devait être commun. Seulement l'État consentait à se dessaisir en faveur des particuliers. C'est ainsi que Numa achevant l'œuvre de Romulus, qui s'était borné à répartir le territoire de Rome entre les trois tribus, partagea le sol entre tous les citoyens (1), et introduisit le premier la propriété individuelle et privée. Dès lors le principe était posé : c'est de l'État que va désormais procéder la propriété de tous les citoyens, et ce qui n'aura pas été l'objet d'un mode légal de concession restera *res publica*.

Un peuple était-il vaincu, les Romains faisaient deux parts du territoire conquis : l'une était abandonnée aux anciens habitants (2); l'autre, ils se la réservaient pour eux-mêmes. Cette seconde portion pouvait en fait recevoir trois destinations différentes : certaines

(1) At primum agros, quos bello Romulus ceperat, divisit viritim civibus. (Ciceron, *de Republica*, II, 14). — Plutarque, *Numa*, 16.

(2) Cic., 2e *act. contr. verr.*, III, 6. — Tit-Liv., I, 15, et II, 41.

terres étaient vendues au profit du trésor par le ministère des questeurs et s'appelaient *agri quæstorii* (1); d'autres étaient concédées à des particuliers, souvent à des vétérans, soit à titre de don pur et simple, soit sous les conditions de certaines charges, et on les appelait *agri assignati* ou *divisi* (2); d'autres enfin restaient dans le domaine public. Les *agri quæstorii* et les *agri assignati* étaient limités solennellement, afin de déterminer d'une manière authentique et invariable les droits des acheteurs et des concessionnaires. Quant aux terres restées dans le domaine public, les unes appelées *excepta* étaient celles que l'auteur du partage réservait expressément à la colonie, à la cité ou au peuple romain, les autres appelées *subseciva* se composaient de terrains qui n'entraient pas dans la division régulière des terres partagées, soit parce qu'ils étaient impropres à la culture, soit parce que leur contenance était inférieure à celle exigée pour chaque lot.

Les eaux suivaient la condition de la terre; ce n'était qu'une portion de la conquête. Tite-Live nous rapporte tout au long la formule par laquelle le peuple de Collatie se rend *deditius* à Tarquin l'Ancien, comme par un contrat régulier et librement consenti : *Dedistisne*, dit le roi aux envoyés, *vos populumque Collatinum, urbem, agros, aquam, terminos, delabra ustensilia, divina humanaque omnia in meam populique romani potentiam? — Dedimus? — At ego recipio* (3). Ainsi tout ce qui appartenait aux peuples dedítices, les rivières comme le reste, passait au peuple conquérant.

Pour les terres, nous avons vu comment, après la conquête, la propriété collective du peuple avait fait place peu à peu à la propriété individuelle. Pour les cours d'eau nous trouvons, à l'origine, la même propriété collective; puis nous constatons dans les textes des jurisconsultes l'existence de la propriété privée. Il est naturel de penser que les modes de transformation furent les mêmes dans les deux cas; les lots abandonnés à l'appropriation individuelle, au

(1) Tit-Liv., XXVIII, 46.

(2) Tit-Liv., XXXI, 13. — Suetone, *Domit.*, 9.

(3) Tit-Liv., I, 38.

moyen des *venditiones quæstoriæ* ou des *assignationes*, comprenaient quelquefois, outre les terres, les cours d'eau de peu d'importance qui les traversaient (1). Nous avons des textes qui le prouvent d'une manière irrécusable. Siculus Flaccus, dans son traité *De conditione agrorum*, nous apprend que, d'après les usages des nations soumises à la domination romaine, tantôt les ruisseaux servaient de limites aux champs riverains, tantôt ils étaient compris dans la possession de l'une des deux terres contiguës (2). Cette remarque est confirmée par le passage suivant dans lequel Aggenus Urbicus nous dit que des fleuves, même considérables, se trouvaient parfois compris dans les attributions : *Multa flumina et non mediocria in adsignationem mensuræ antiquæ ceciderunt; nam et deductarum coloniarum formæ ita dictant ut multis fluminibus nulla latitudo sit relicta* (3). Le fleuve ou la portion de fleuve ainsi compris dans l'*assignatio* faisait partie intégrante des champs qu'il traversait, et était soumis comme lui à la propriété privée. Quant au fleuve qui n'entrait dans aucun lot, *subsecivum*, ou qui avait été

(1) Du reste ces cours d'eau devaient se dessécher l'été, et nous verrons bientôt que ce caractère fut choisi par les jurisconsultes romains pour désigner les eaux laissées à la propriété privée.

(2) *Quidam enim rivi ab origine, id est, a capite, donec in mari defluant, fines possessionibus præstant; quidam vero ultro citroque transmittunt possessores* (*Rei agrariæ auctores*, édit. de Goës, p. 12). — Ainsi donc, de deux choses l'une : ou bien le fleuve n'a pas été compris dans l'attribution des terres; il servira alors de limites entre les héritages riverains, et restera bien public; c'est à cette première hypothèse qu'il faut rapporter cette phrase du Digeste, *confinium non intelligitur, et ideo finium regundorum agi non potest* (l. 4 *fin. regund.*). Ou bien, il a été compris *in adsignationem mensuræ*, et dans ce cas il est privé; les limites des propriétés riveraines ne sont plus déterminées par le cours de l'eau, mais bien par les plans ou par les bornes constatées dans les chartes de concessions; et il y aura lieu à l'action en bornage; *sed si rivus privatus intervenit, finium regundorum agi potest* (l. 6, *fin. regund.*).

(3) *Rei agrar. auct.*, édit. de Goës, p. 70. — Les *agrimensores* avaient soin lorsqu'ils procédaient à la confection du plan cadastral, de donner sur ce plan une certaine largeur, *latitudo*, aux cours d'eau servant de limite entre deux propriétés voisines. Mais si le cours d'eau était compris dans l'une de des deux propriétés, il n'avait pas de largeur indiquée sur le plan cadastral; *forma ita dictat ut nulla latitudo sit relicta*.

réservé lors du partage, *exceptum*, il demeurait *res publica* (1). C'est ce que fait remarquer M. Van der Goës, commentant le passage de Siculus Flaccus rapporté ci-dessous en note : *Fluminum modus si assignatum cessit, flumen ipsum juris erit privati; si exceptus, publici.*

Les cours d'eau furent donc tantôt abandonnés aux propriétés privées, lorsqu'ils étaient compris dans les terrains à partager; tantôt ils restèrent dans le domaine de l'État, lorsqu'ils étaient formellement réservés lors du partage ou lorsqu'ils traversaient l'*ager publicus*. Aussi les voyons-nous, après quelques siècles, enveloppés dans ces immenses domaines, dans les *latifundia* qui envahirent bientôt l'*ager publicus* et les petits lots des plébéiens (2). Les séditions tumultueuses des lois agraires, les luttes moins heureuses qu'héroïques des Spurius Cassius, des Stolon et des Gracques, et les plaintes des philosophes (3) nous apprennent que les territoires enlevés aux peuples vaincus devinrent la proie de la noblesse romaine qui y joignait de gré ou de force les héritages de ses voisins. Les fleuves et les ruisseaux ne furent pas respectés, ils devinrent l'ornement nécessaire de ces jardins superbes, de ces somptueuses villas, théâtre des splendeurs et des crimes des descendants dégénérés des compagnons de Romulus; et un jour Sénèque, déplorant l'accumulation effrénée des richesses territoriales, put écrire : *Quousque fines possessionum propagabitis? Ager uni domino qui populum cessit angustus est; quousque arationes vestras porrigetis, ne provinciarum quidem satione contenti circumscribere prædiorum modum? Illustrium fluminum per privatum decursus, et amnes magni magnarumque gentium termini, usque ad ostium a fonte*

(1) *In quibusdam regionibus, dit Siculus Flaccus, fluminum modus assignationi cessit; in quibusdam vero tanquam subsecivus relictus est; aliis autem exceptus inscriptumque flumini illi tantum* (*Rei agrar. auct.*, de Goës, p. 19). — Nous avons vu plus haut ce qu'il fallait entendre par ces termes *subseciva* et *excepta*.

(2) Appien, *de bello civili*, liv. 1, § 7.

(3) Pline, III, 9, *de bello civili.* — Senèque, *epist.* 89.

vestri sunt. Hoc quoque parum est nisi latifundiis vestris maria cinxistis (1).

Ces explications historiques une fois données, nous pouvons maintenant aborder l'étude des textes du Digeste et des Institutes. Et d'abord la principale division des cours d'eau faite par les jurisconsultes romains était basée sur leur volume et leur importance; il y avait les *flumina* et les *rivi. Flumen a rivo magnitudine discernendum est, aut opinione circumcolentium* (2). La largeur, l'opinion des habitants du voisinage, voilà donc que sont les éléments qui srevaient à distinguer ces deux catégories de cours d'eau. « Il faut convenir, dit M. Serrigny, que ce sont là des signes indéterminés (3), pouvant donner lieu dans l'application à des difficultés infinies. Cela revient à dire que les cours d'eau avaient une sorte de possession d'état qui les faisait ranger dans la classe des *flumina* ou bien des *rivi*. Cette possession d'état pouvait s'appuyer sur des titres, qui consistaient principalement dans les actes de fondation des colonies et de partage des biens entre les colons (4) ».

Les *rivi* faisaient partie du domaine privé; c'est ce qui ressort du titre *de fluminibus* ainsi que du titre *de rivis*. On a voulu, il est vrai, trouver dans la loi 3 de ce dernier titre une division des *rivi* en *rivi publici et privati* (5). Mais il faut se rappeler qu'à

(1) Senèque, *epist.* 89.

(2) L. 1, § 2, *de fluminibus.*

(3) La définition donnée par la l. 1, § 2, *de Rivis*, *Rivus est locus per longitudinem depressus quo aqua decurrat*, est encore plus vague; sa généralité la rend applicable aux cours d'eau les plus importants en même temps qu'à de simples canaux ou fossés de dérivation. Festus en donne une plus exacte : *Rivus vulgo appellatur tenuis fluor aquæ, non specu incilive factus, verum naturali suo impetu, sed et ii rivi dicuntur qui manu facti sunt sive super terram fossa, sive subter specu cujus vocabuli origo ex græco ῥεῖν pendet.* Ainsi le mot *rivus* s'applique à la fois aux petits courants qui se sont formé un lit par les propres forces de leurs eaux et aux conduites d'eau, ou canaux creusés de main d'homme. Et il est évident que, lorsque nous opposons le *rivus* au *flumen*, nous prenons le mot dans la première acceptation.

(4) Serrigny, *Droit public et administratif romain*, ch. VI.

(5) *Hoc interdictum ad omnes rivos pertinet, sive in publico, sive in privato sint constituti* (l. 3, § 4, *de Rivis*).

Rome l'expression *publicæ res* correspond à la fois à nos choses du domaine public et à nos choses du domaine privé, les unes et les autres ne reconnaissant qu'un maître, l'État ou le corps morel de la nation. mais les premières soumises à une appropriation moins complète que les autres, parce qu'elles sont affectées naturellement ou civilement à l'usage du public, tandis que l'État se réserve exclusivement les produits et la jouissance des autres comme le ferait un particulier. Cette observation faite, nous croyons la distinction fausse, si elle tend à établir que certains *rivi* faisaient partie du domaine public et étaient ainsi insusceptibles de toute appropriation privée, mais nous la croyons juste, si on veut dire par là que parmi les *rivi*, les uns appartenaient aux particuliers, tandis qu'un petit nombre rentrait dans le domaine privé de l'État.

Cela résulte en effet de la loi 3 § 4 elle-même, et surtout du mode général de constitution de la propriété romaine, tel que nous l'avons exposé plus haut. Ainsi, d'une part l'édit dont parle Ulpien comme s'appliquant à tous les *rivi*, *sive in publico*, *sive in privato sint constituti*, n'avait pour objet qu'un réglement de servitudes privées, et dès lors ne pouvait évidemment s'appliquer qu'à des *res* susceptibles de propriété privée. Et d'autre part, nous avons vu que dans la distribution du sol, les petites rivières comprises dans les *excepta* et dans les *subseciva* suivaient le sort des terres qu'elles arrosaient, et restaient avec elles dans la propriété de l'État, tandis que les autres, et c'était le plus grand nombre, passaient entre les mains des particuliers. D'ailleurs le peu d'importance de ces petits cours d'eau, leur inaptitude générale au service de la navigation et aux autres usages publics prouvent suffisamment qu'ils ne pouvaient être rangés dans le domaine public de l'État (1).

(1) M. Latreille (*Rev. critiq.*, t. XXX, p. 492) donne une autre explication de la l. 3, § 4, *de Rivis*. Partant de cette idée que les Romains n'avaient pas d'appellation spéciale pour les canaux artificiels, creusés de main d'hommes qu'ils confondaient avec les ruisseaux naturels dans la dénomination générale de *rivi*, il ajoute qu'il ne faut pas s'étonner de trouver parmi les *rivi* la distinction du

Quant aux *flumina*, les bornes du domaine public et de la propriété privée ne se trouvent nulle part nettement tracées : les textes sont confus, souvent même ils semblent contradictoires, et l'on éprouve quelque embarras à ramener à une théorie générale et logique les décisions éparses dans le Digeste et les Institutes.

Ainsi dans ce dernier recueil, Justinien nous dit d'une manière catégorique : *Omnia flumina publica sunt* (1) ; tous les fleuves sont publics, c'est-à-dire offerts à l'usage de tous, mais soustraits à l'appropriation privée. Ce texte, par sa généralité, fait un singulier contraste avec une foule d'autres conservés au Digeste, où il est question de fleuves privés et de fleuves publics. Ce n'est plus la formule aussi générale, *flumina omnia publica sunt ;* nous trouvons un correctif dans le fragment suivant de Marcien : *Flumina penè omnia publica sunt*(2). Les rédacteurs des Institutes en reproduisant ce texte, ont supprimé le mot *penè ;* dans quel but ? Ont-ils voulu constater une innovation législative ? Est-ce une prétention nouvelle qu'ils manifestent au nom de l'État, une tendance à revendiquer le domaine de tous les fleuves ? On l'a soutenu : les cours d'eau, a-t-on dit, avaient pu être laissés aux citoyens quand la République florissait ; alors le domaine de l'État était pauvre, il était envahi par les *gentes* patriciennes, et les cours d'eau ne servaient guère qu'à embellir les places et les monuments de Rome. Mais quand le fisc eut succédé au peuple, l'esprit avare de l'administration envahit toutes les dépendances de l'ancien domaine public ; elle réclame sévèrement les droits que jadis le peuple négligeait, et parmi ces droits, elle trouve la propriété des eaux. Le texte des Institutes ne ferait donc peut-être que constater un état de choses auquel on était in-

domaine public et du domaine privé. En effet, les canaux artificiels pouvaient être creusés dans un intérêt public aussi bien que dans un intérêt privé, et s'ils avaient été creusés dans un intérêt public, le prince seul pouvait accorder à leur préjudice, une servitude d'aqueduc *Permittitur aquam ex castello, vel ex rivo, vel ex quo alio loco publico ducere : id a Principe conceditur.*

(1) Inst., § 2, *de Re. divis.*

(2) L. 4, § 1, *de divis. rerum.*

sensiblement arrivé. Le fragment de Marcien prouverait même que de son temps déjà cette transformation était assez avancée.

Il est cependant difficile d'admettre que Justinien eût voulu introduire une réforme sur ce point, et attribuer au peuple romain la propriété de tous les fleuves. Un changement aussi important aurait laissé dans sa législation d'autres traces que la simple suppression du mot *pené* dans le texte de Marcien. On n'aurait pas laissé subsister dans le Digeste les nombreux textes qui mentionnent des *flumina privata*. Probablement les Institutes n'entendent déclarer tous les fleuves publics qu'en ce qui concerne l'usage; ce que tendrait à prouver la suite du paragraphe en parlant du droit de pêche: *flumina autem omnia et portus publica sunt; ideoque, jus piscandi omnibus commune est in portu fluminisbusque* (1). Ces derniers mots nous révéleraient quelle a été la pensée de Justinien.

A Rome, à la différence de ce qui a prévalu dans notre législation (2), les droits de pêche et de chasse n'ont jamais été considérés comme une portion intégrante du droit de propriété et comme des droits exclusifs réservés aux propriétaires. On n'y voyait que des droits naturels accessibles à tous et susceptibles de s'exercer en tous lieux, à charge seulement de ne pas causer de préjudice à la propriété privée et de respecter les prohibitions que pourrait faire le magistrat. Or, entre la pêche, cette faculté commune qui n'admet point d'exclusion, parce qu'elle est considérée comme l'exercice d'un droit naturel, et le cours d'eau auquel elle s'applique, il y aurait, suivant Justinien, un lien très-naturel. Ce qui ressort en effet de la destination même de cet élément qu'on appelle l'eau, en tant du moins que masse liquide, poussée par la loi de la nature vers les régions inférieures, c'est l'idée d'un usage commun, subordonné à la juridiction et à la police de l'Etat, et incompatible avec l'appropriation individuelle.

Puis, comme nous l'avons vu, choses communes, domaine de l'Etat, sont des nuances qui n'ont jamais été bien définies par les

(1) Inst., § 2, *de Rer. divis.*

(2) L. 15 avril 1829, art. 2.

jurisconsultes romains, et que l'on commençait à peine à définir sous Justinien. Dès lors la particule *ideoque* qui lie les deux membres de phrase, contenant des qualifications en apparence distinctes, nous donne tout lieu de croire qu'en écrivant ces mots, *Flumina omnia publica sunt*, Justinien n'avait nullement en vue d'opposer au domaine des particuliers le domaine de l'Etat; mais qu'il confondait dans l'idée d'un usage commun la pêche et l'eau, qu'il s'agit d'un fleuve privé ou d'un fleuve public. Cette opinion semble confirmée par le § 4 au même titre des Institutes, qui nous dit que l'usage des rives est public comme celui des fleuves mêmes, alors que la loi reconnaît que les rives dépendent de la propriété privée (1).

Quoiqu'il en soit du texte des Institutes et de sa portée, les écrits des jurisconsultes de l'époque classique distinguent nettement les deux classes de fleuves privés ou publics. L'examen du titre *de fluminibus* qui est le siége principal de la matière des cours d'eau, ne nous laisse aucun doute sur ce point. Il débute en effet par le texte même de l'interdit du préteur, et nous y lisons ces mots : *Ne quid in flumine publico ripave ejus facias.....* Pour que le préteur prenne ainsi soin de préciser que son édit s'applique aux rivières publiques, c'est qu'il en est d'autres privées. Ce n'est là encore qu'une preuve négative. Mais le § 3 de la loi 1 au même titre vient confirmer notre opinion de la manière la plus formelle : *Fluminum quædam publica sunt, quædam non* (2). Le paragraphe suivant n'est pas moins affirmatif. Voilà donc qui est constant : il existe des rivières publiques et d'autres qui ne le sont pas. Mais à quel caractère reconnaître les unes et les autres? A leur pérennité, répond Ulpien (3); les cours d'eau sont continus ou intermittents : les uns appartiennent au domaine public, les autres à la propriété privée.

(1) Riparum quoque usus publicus est juris gentium, *sicut ipsius fluminis....* sed proprietas earum est quorum prædiis hærent.... (Inst., § 4, *de Rer. divis.*)

(2) L. 1, § 3, *de fluminibus*.

(3) *Publicum flumen esse Cassius definit, quod perenne sit.* Hæc sententia Cassii, quam Celsus probat, videtur esse probabilis (l. 1, § 3, *de fluminibus*).

Telle est la grande distinction du droit classique : le cours d'eau pérenne est au public; le cours d'eau intermittent aux particuliers.

La navigabilité n'est donc point, comme en droit français, le signe distinctif qui donne à l'État les cours d'eau. Nous voyons en effet dans les textes qu'il y a des fleuves non navigables qui n'en sont pas moins publics. Ainsi Ulpien, traitant de l'interdit qui protége la navigation nous dit : *Hoc interdictum ad ea tantum flumina publica pertinet, quæ sunt navigabilia : ad cætera non pertinet* (1). Parlant de l'interdit qui défend de détourner le cours d'une rivière, il dit : *Pertinet ad flumina publica, sive navigabilia sunt, sive non sunt* (2). Ces textes et d'autres encore (3) qu'il serait trop long de rapporter ici nous prouvent suffisamment que parmi les fleuves publics il y a des cours d'eau non navigables, et que dès lors toute division des fleuves en fleuves privés et publics, basée sur leur navigabilité, serait plus que hasardée.

Néanmoins notre théorie est loin d'être universellement adoptée, et on a cru trouver dans le titre *ut in flumine publico* la preuve que la pérennité n'est point le caractère distinctif des eaux publiques. En effet ce titre nous apprend que les étangs peuvent être publics, quoique, suivant la définition d'Ulpien, les étangs soient des amas d'eau temporaires, et que les lacs peuvent appartenir à des particuliers, bien que les lacs soient, d'après le même jurisconsulte, des amas d'eau perpétuels (4). Il existe donc, dit-on, des eaux non pérennes qui sont publiques et des eaux pérennes qui sont privées.

A cette objection il est facile de répondre que la distinction en eaux publiques et privées, basée sur la perennité, ne s'applique

(1) L. 1, § 12, *de fluminibus*.

(2) L. 1, § 2, *ne quid in flumine publico*.

(3) *Si quid in eo flumine quod navigabile non sit fiat, Labeo scribit utile interdictum competere* (l. 1, § 12, *de fluminibus*) — *Sed et si in flumine publico non tamen navigabili fiat, idem putat* (l. 1, § 18, *de fluminibus*).

(4) Lacus est quod *perpetuam* habet aquam. Stagnum est quod *temporalem* continet aquam....... Possunt autem etiam hæc esse *publica*...... Si *privata* sunt supra dicta, interdictum cessat (l. 1, *ut in flumine publico*).

qu'aux cours d'eau : cela ressort du texte même d'Ulpien (1) qui n'applique son criterium qu'aux *flumina*. Dès lors il se peut très-bien que des lacs aient appartenu à des particuliers et que des étangs fissent partie du domaine de l'État, sans que cette circonstance puisse ébranler notre distinction.

D'ailleurs Ulpien, au titre *ut in flumine*, n'emploie pas le mot *publica* dans le même sens qu'au titre de *fluminibus*. Cette épithète s'appliquant aux lacs et aux étangs ne doit pas être entendue dans le sens d'une affectation à l'usage du public, comme nous entendons ce mot, lorsque nous parlons de *viæ publicæ* et de *flumina publica*. Nous avons déjà eu occasion de remarquer qu'en droit Romain le mot *publica* comprend également les choses patrimoniales de l'État ou des municipes, celles dont les produits et la jouissance sont réservées exclusivement au profit de la personne morale de l'État, comme les biens fonds, tels que forêts, étangs, prés, maisons ; c'est le sens qu'il faut donner à ce mot dans la loi qui nous occupe ; car immédiatement après, le texte prévoit l'hypothèse où le lac ou l'étang aurait été loué à un fermier de l'État ou d'un municipe. Il ne peut donc exister aucune analogie entre les *flumina* rentrant dans le domaine public et les lacs ou étangs faisant partie du domaine privé de l'État ; le criterium applicable aux uns ne peut évidemment pas s'appliquer aux autres. Dès lors la contradiction signalée entre le titre *ut in flumine publico* et le titre *de fluminibus* disparait, et l'objection tombe d'elle-même.

Notre distinction n'est pas davantage en contradiction avec la phrase de Sénèque rapportée plus haut, dans laquelle ce philosophe s'écrie, dans un mouvement d'indignation : *Illustrium fluminum per privatum decursus, et amnes magni magnarumque gentium termini usque ad ostium a fonte vestri sunt*. En effet, ce passage ne prouve qu'une chose, c'est que les nobles patriciens dans leurs empiètements ne respectaient pas plus le domaine public que le domaine privé. Il ne faut donc voir là qu'une exception, un abus analogue

(1) Tit. *de fluminibus*.

(2) Senèque, *epist.* 89.

à l'usurpation de l'*ager publicus;* mais cet abus ne peut évidemment détruire notre critérium. Quand aux *multa flumina*, dont nous parle Aggenus Urbicus, *quæ in adsignationem mensuræ antiquæ ceciderunt* (1), rien ne nous prouve que ce n'étaient pas des *flumina torrentia*.

Mais, nous dit-on, Ulpien lui-même hésite en donnant sa solution; il ne la présente que comme probable, et croit devoir s'appuyer de l'opinion de Cassius et de Celsus (2). Cela est vrai, mais le doute se comprend ici; il s'agissait de définir le *flumen publicum* par son caractère principal; il s'agissait de trouver une définition applicable à tous les *flumina publica* de l'Empire. Dès lors on conçoit l'incertitude, car après tout, comme le fait très-bien remarquer M. Championnière, la question de savoir si tel fleuve faisait ou non partie du domaine public n'était pas une question de droit à Rome, mais bien une question de fait. Le doute dans la proposition d'Ulpien portait donc non pas sur la question de savoir si tel fleuve faisait ou non partie du domaine public, mais sur le choix d'un critérium qui pût s'appliquer à tous les fleuves publics. Ce critérium, il croit l'avoir trouvé dans la pérennité.

Telle est la doctrine enseignée par Ulpien et qui, un moment ensevelie sous les ruines de l'Empire, n'a pas tardé à reparaître dans les lois italiennes (3), et dans l'ancienne législation du royaume de Valence (4) : les cours d'eau continus sont réservés au souverain, les cours d'eau intermittents laissés à la propriété privée.

Une différence radicale, fondamentale entre les cours d'eau publics et les cours d'eau privés, dit M. Serrigny, c'est que ces derniers n'étaient pas protégés par les interdits établis pour la conser-

(1) *Rei agrar. auct.*, édit. de Goës, p. 70.

(2) Hæc sententia Cassii, quam et Celsus probat, videtur esse probabilis (l. 1, § 3, *de fluminibus*).

(3) *Dizionario di diritto amministrativo publicato con autorizzazione del governo dall' avvocato Vigna e da V. Aliberti*, Torino, 1840, tipografia dei fratelli Favale.

(4) Fuero XXXVI, Rubr. *de servit.*, Branchat, Tratado de los derechos y regalias, 1, cap. VI.

vation des cours d'eau publics : ils restaient soumis aux règles de droit commun qui régissaient la propriété particulière, *nihil enim differt a cœteris locis privatis flumen privatum* (1), dit Ulpien. Aussi ne nous occuperons-nous plus désormais que des cours d'eau publics.

Tout d'abord, il importe de distinguer deux choses dans les *flumina publica :* l'eau courante et le fleuve lui-même. En tant qu'élément simple l'eau courante, l'*aqua profluens* est chose commune aussi bien que l'air et la mer (2), c'est-à-dire qu'elle ne peut être l'objet d'une appropriation distincte, que chacun peut en user librement, que ce qu'il puise ne devient sien que par l'effet de l'usage, de l'occupation. Ce qui est public, c'est donc seulement le fleuve envisagé dans son ensemble et dans sa destination de fleuve. Ainsi, tandis que le droit de laver, de se désaltérer et d'abreuver les bestiaux est commun à tous, le droit de pêcher et de naviguer, appartient privativemen au peuple propriétaire du fleuve. Telle est la distinction au moyen de laquelle Vinnius concilie le § I du titre *de Rerum divisione* aux Institutes avec le § II, *eodem titulo* (3).

C'est sans doute la difficulté de concilier ces deux textes qui a fait penser aux auteurs de la Glose que par l'*aqua profluens* du § Ier des Institutes, il fallait entendre l'eau tombant du ciel, *id est de cœlo cadens*, laquelle est départie à tous les hommes, comme l'air

(1) L. 1, § 4, *de flumin.* — Et ailleurs : *Nec pertinet ad hoc interdictum si quid in privato factum sit ; ne quidem si in privato flumine fiat : nam quod in privato flumine, perinde est atque si in alio privato loco fiat* (l. 1, § 10, *de flumin.*).

(2) Et quidem naturali jure communia sunt omnium hæc : aer, *aqua profluens*, et mare..... (Inst., § 1, *de Rer. divis.*).

(3) Notandum est discrimen fluminis et aquæ fluentis, unde usûs utriusque nascitur diversitas. Flumen est totum quid, unumque et idem corpus, quod mille abhinc annis fuit, denique imperio eorum est quorum finibus continetur. At aqua fluminis numero eadem non est, sed alia atque alia. Hinc de usu judicandum, flumine integro utimur ad navigandum et piscandum ; qui usus jure gentium divisus est, quatenus flumina ipsa imperio divisa sunt ; ac proinde non communis est omnium hominum, sed publicus eorum duntaxat, quorum finibus continetur. Aqua vero fluminis utimur ad lavandum, potandum, aquanda pecora ; qui usus communis est jure naturali omnibus concessus (Vinnius, *in Institut.*, lib. II, tit. 1.)

qu'elle traverse. Cette interprétation est aujourd'hui universellement abandonnée.

§ II. **Lit des fleuves publics.** — *Impossibile est ut alveus fluminis publici non sit publicus* (1), nous dit Ulpien au titre *de fluminibus*; et complétant son idée, il ajoute : *Si fossa manufacta sit per quam fluit publicum flumen, nihilominus publica fit, et ideo si quid ibi fiat, in flumine publico factum videtur* (2). Ces derniers mots relatifs à la sanction des interdits ont une portée significative à l'encontre de l'opinion qui, prenant au pied de la lettre la phrase finale du paragraphe précédent, en argumenterait pour attribuer à l'État la propriété du terrain qui forme aujourd'hui le cours d'eau.

Sous Justinien, et même au temps où écrivait Ulpien, il est impossible de reconnaître à l'État un tel droit de propriété ; autrement, l'eau cessant de couler, cette propriété se serait perpétuée sur le lit abandonné. Propriétaire d'un étang, si cet étang vient à se dessécher, je conserve la propriété du sol. Or il n'en est pas ainsi dans la matière qui nous occupe, le lit abandonné ne fait pas partie de l'*ager publicus*, il devient un terrain de droit privé, attribué tantôt aux riverains, tantôt aux premiers occupants, ainsi qu'il résulte de textes nombreux (3).

Mais pourrait-on dire, l'État resterait bien maître du lit desséché, seulement il l'accordait à titre d'indemnité à ceux qui pouvaient avoir à souffrir du voisinage ou des caprices des eaux. Il en reste

(1) L. 1, § 7, *de flumin.*

(2) L. 1, § 8, *de flumin.*

(3) Quod si naturali alveo in universum derelicto, alia parte fluere cœperit, prior quidem alveus eorum est qui prope ripam ejus prædia possident (Inst., § 23 *de Rer. divis.* — Si flumen alveum suum reliquit et alia parte fluere cœperit, quidquid in veteri alveo factum est, ad hoc interdictum (ne quid... quo pejus navigatur) non pertinet; non enim in flumine publico factum erit quod est utriusque vicini, aut, si limitatus est ager, occupantis alveus fiet (l. 1, § 7, *de flumin.*). — Des décisions analogues données sur les îles et les terrains provenant d'alluvion ne permettent pas d'admettre le domaine intégral du peuple sur le lit des fleuves.

propriétaire jusqu'à l'aliénation. Il suffit de parcourir les solutions données en ces matières par les jurisconsultes romains, pour se convaincre que telle n'était pas la pensée qui présidait à la distribution du sol abandonné. Nous en donnerons qu'un exemple frappant : un fleuve bordé par des *agri limitati* quitte son ancien lit pour s'en faire un nouveau ; la personne lésée, la seule qu'il y ait lieu de dédommager, c'est l'ex-propriétaire du sol du nouveau lit. Cependant nous voyons que le terrain laissé à sec est abandonné au premier occupant. Il est permis de croire que si l'on eût obéi à l'idée d'indemnité, la répartition aurait été plus équitable !

Est-ce à dire que le peuple n'avait sur le sol qu'un droit de servitude ? Ducaurroy le prétend ; à ses yeux le lit des rivières n'est considéré comme chose publique que pour les besoins de la navigation ; à tous autres égards, ce n'est qu'une dépendance des fonds voisins, un terrain dont l'eau s'empare, qu'elle occupe pour cause d'utilité publique, sans qu'il cesse pour cela d'appartenir aux riverains, dont le fleuve grève mais ne détruit pas la propriété ; de sorte que si l'usage public vient à cesser, le riverain n'acquiert pas une chose nouvelle, mais reprend seulement sa propriété libre et dégrevée (1). Il appuie son système sur le texte suivant de Pomponius : *Celsus filius, si in ripa fluminis, quæ secundum agrum meum sit, arbor nata sit, meam esse ait, quia solum ipsum meum privatum est, usus autem ejus publicus, intelligitur, et ideo cum exsiccatus esset alveus, proximorum fit, quia jam populus eo non utitur* (2).

Mais ce texte n'est rien moins que probant ; il n'a trait qu'aux rives du fleuve ; une lecture attentive suffit pour s'en convaincre. En effet, Celsus ne nous dit pas, comme on l'a prétendu à tort, je pense que le lit une fois desséché fait retour aux riverains, *quia jam populus eo non utitur ;* parlant du sol de la rive qui, pendant que le fleuve coule, est soumis à une servitude d'utilité publique, sans jamais cesser d'appartenir aux riverains, il nous dit que ce terrain est rendu à la libre jouissance de ses propriétaires, une fois

(1) Ducaurroy, *Inst. expl.*, I, N° 355.

(2) L. 30, § 1, *de acquir. Rer. domin.*

le lit desséché, *cum exsiccatus esset alveus, quia jam populus eo non utitur.* Le texte ainsi entendu est conforme en tous points aux autres textes que nous possédons sur la même matière ; car s'il est un fait aussi incontestable qu'incontesté, c'est que les rives d'un fleuve ne sont pas publiques : elles sont seulement grevées d'une servitude d'usage au profit du public, dans l'intérêt de la navigation (1).

D'ailleurs, à l'opinion de M. Ducaurroy, nous opposons un autre fragment du même Pomponius, qui proclame énergiquement la publicité du lit : *Flumina enim censitorum vice funguntur, ut ex privato publicum addicant et ex publico privatum* (2). Ulpien n'est pas moins formel : *Ille etiam alveus quem sibi flumen fecit etsi privatus ante fuit; incipit tamen esse publicus, quia impossibile est ut alveus fluminis publici non sit publicus* (3).

Enfin, il suffit pour se convaincre de jeter les yeux sur les différentes décisions données en ces matières par les jurisconsultes romains. Nous ne citerons que quelques espèces entre plusieurs. Un fleuve, après avoir changé son cours une première fois, retourne à son ancien lit. Si la doctrine que nous combattons était vraie, il faudrait décider que les propriétaires riverains viendront reprendre exactement chacun ce que le fleuve leur avait enlevé : au lieu de cela, la jurisprudence romaine partage entre eux par la ligne du milieu, et proportionnellement à leur longueur riveraine actuelle, le lit abandonné, sans égard à leur propriété antérieure (4).

(1) Inst., § 4, *de Rer. divis.*

(2) L. 30, § 1, *de acquir. Rer. domin.* — Pomponius compare ici les fleuves aux *censitores*, agents chargés de la tenue du cadastre. C'étaient eux qui estimaient la propriété foncière pour y déterminer la cote foncière de chacun. Par des estimations trop élevées ou trop faibles, ils attribuaient donc au Trésor l'argent qui aurait dû rester aux contribuables, ou laissaient à ceux-ci l'argent qui aurait dû appartenir au Trésor. Ainsi les fleuves, en abandonnant leur ancien lit, pour s'en creuser un nouveau, rendaient privé ce qui était public, et public ce qui était privé.

(3) L. 1, § 7, *de flumin.*

(4) Inst., § 23, *de Rer. divis.*

« La demonstration est encore plus saillante, dit M. Ortolan (1), dans l'hypothèse où un champ s'est trouvé envahi *en totalité* par le premier changement de lit. Ici Gaius nous exposera lui-même, en termes irrécusables, le principe de la jurisprudence romaine : *Stricta ratione*, dit-il, selon le raisonnement strict, selon la déduction stricte des principes, le propriétaire primitif ne peut rien obtenir même après le second changement de lit qui a remis à nu ce qui fut jadis son champ. Et pourquoi ? quels étaient donc ces principes ? *Quia et ille ager, qui fuerat, desiit esse, amissa propria forma*, parce que son champ a cessé d'être et de lui appartenir. Le cours du fleuve n'était donc pas seulement une servitude qui grevait cette propriété sans la détruire, et qui devait la laisser libre en se retirant ; la propriété antérieure ne fait donc rien à l'affaire. Et peu importe que le jurisconsulte recule, dans l'espèce particulière, devant la rigueur du raisonnement et du principe ; peu importe qu'il ajoute : *Sed vix est ut id obtineat ;* cette exception qu'il veut faire à cause des circonstances nous signale encore mieux la règle (2). »

De même, si le fleuve se retire peu à peu sur une rive, et se porte de préférence d'un côté, de manière que, de l'autre côté, il découvre et abandonne successivement son ancien lit. Le champ

(1) Ortolan, *Eplicat. hist. des Inst.*, t. II, N° 383.

(2) L. 7, § 5, *de acquir. Rer. domin.* — Alfenus Varus ne reculait pas devant la rigueur du principe : il en admettait toutes les conséquences, même dans l'espèce (l. 38, *de acquir. Rer. domin.*). — Pomponius, au contraire, admettait la modification (l. 30, § 3, *de adquir. Rer. domin.*). Mais si l'on entre ainsi dans la voie des corrections, on ne devra pas s'arrêter là ; quand un fleuve se retire graduellement d'un côté, le riverain de l'autre côté s'avance à mesure que l'eau recule ; il pourra même, à la faveur de ce mouvement, gagner sur ce qui formait auparavant le champ voisin ; ne serait-il donc pas équitable, dans ce cas aussi, de permettre au propriétaire envahi par le fleuve de venir reprendre au moins son terrain sur l'autre rive ? Cette solution cependant a été formellement écartée par la loi romaine.

Quoi qu'il en soit, l'équité semble violée dans les deux cas ; seulement la violation est plus flagrante dans l'un que dans l'autre. L'hésitation même de Gaius à réclamer dans une espèce spéciale une solution qui lui semble plus conforme à l'équité, nous montre que le doute n'est point possible, quant au principe en lui-même, c'est-à-dire quant à l'anéantissement *ipso facto* du droit des propriétaires sur le terrain envahi par le cours d'eau.

dont le fleuve s'éloigne ainsi, s'avance à mesure que le fleuve se retire : il devrait, si le principe que nous combattons était vrai, s'arrêter au milieu du fleuve, mais nous voyons qu'il le dépasse ; il pourra même, si le fleuve continue son mouvement de retrait, gagner jusqu'au champ du voisin et l'envahir (1).

Proculus donne une décision analogue sur laquelle nous aurons à revenir à propos des îles (2).

Il nous faut donc rejeter également le système qui n'accorde au public qu'une servitude et celui qui lui donne la propriété dans le sens juridique du mot. La théorie qui prévalut dans la législation romaine fut que le fleuve n'est public qu'en tant que fleuve (3). Le droit du peuple porte sur ces deux choses réunies, sur un tout indivisible, la masse liquide et le lit. L'objet de ce droit, le fleuve, périt juridiquement par la séparation de ces deux éléments constitutifs, aussi bien que périt juridiquement le champ envahi par les eaux, *desiit esse amissa propria forma* (4). Une chose nouvelle est née, sur laquelle le domaine public n'a plus rien à prétendre ; en effet il n'avait droit qu'au fleuve ; or il n'y a plus de fleuve, mais seulement un terrain qui a cessé d'être un lit.

Mais à qui allons-nous attribuer ce nouveau terrain que les eaux laissent à découvert ? Logiquement, il devrait appartenir au premier occupant : c'est une *res nullius* qui doit s'acquérir par *occupatio*. Toutefois, ici encore, nous devrons tenir compte de l'organisation complexe de la propriété individuelle à Rome ; nous devrons faire des distinctions selon que le fleuve est bordé par des *agri limitati* ou par des *agri occupatorii vel arcifinales*.

Cependant cette distinction n'est pas faite aux Institutes. Là nous trouvons une décision unique, absolue : le lit abandonné appartient aux riverains, *pro modo scilicet latitudinis cujusque agri, quæ latitudo prope ripas sit* (5). Au Digeste, il en est autrement : la formule

(1) L. 38, *de acquir. Rer. domin.*
(2) L. 56, pr. et § 1, *de acquir. Rer. domin.*
(3) Ortolan, *Expl. hist. des Inst.*, t. II, N° 381.
(4) L. 7, § 5, *de acquir. Rer. domin.*
(5) Inst., § 23, *de Rer. divis.*

est moins générale; quand le fleuve est bordé par des *agri limitati*, le lit abandonné appartient par occupation au premier individu qui s'en empare (1). A quel titre, en effet, les propriétaires des champs limités pourraient-ils revendiquer la préférence? Ils ont reçu ou acquis de l'État par *assignatio* ou par *venditio quæstoria*, une portion géométriquement déterminée de l'*ager publicus*. La contenance en est légalement constatée, les limites sont fixées d'une manière immuable par la *forma*. Ils ne peuvent donc invoquer sur le sol abandonné par le fleuve aucun droit spécial. Tel était le droit primitif, tel était le droit encore au temps d'Ulpien, qui nous dit : *si limitatus est ager, alveus occupantis fiet* (2). Si nous en jugeons par le texte des Institutes que nous avons cité, cette distinction avait disparu sous Justinien : de bonne heure avait commencé un travail de nivellement qui tendait à donner à la propriété foncière une condition partout semblable. Siculus Flaccus nous montre ce travail très-avancé de son temps : *Vetustas longi temporis plerumque pené similem reddidit occupatorum agrorum conditionem* (3). L'action lente mais infaillible des siècles, le morcellement des fonds, résultat d'un partage de succession ou d'une vente artielle, les aliénations entre voisins, la fréquente réunion de plusieurs fonds aux mains d'un même propriétaire (4), voilà autant de causes qui nous expliquent la métamorphose des *agri limitati* en *agri arcifinales*.

Arrivons maintenant à ces derniers; les *agri occupatorii* ou *arcifinales* étaient ceux qui n'avaient pas de limites invariablement fixées. Il faut se rappeler qu'une partie de l'*ager publicus* était abandonnée, moyennant une redevance, aux citoyens qui voulaient bien la mettre en culture; chacun en prenait ce qu'il pouvait ou ce

(1) Mais il y a de grandes chances pour que le premier occupant soit précisément le propriétaire du *fundus limitatus*.

(2) L. 1, § 7, *de flumin*.

(3) Siculus Flaccus, *De condit. agror.*

(4) Successionum varietas, et vicinorum novi consensus, additis vel detractis agris alterutro, determinationis veteris monumenta sæpe permutant (l. 2, Cod., *fin. regund.*).

qu'il espérait pouvoir cultiver ; son activité ou son ambition avait le champ libre (1). Le plus souvent, on s'arrêtait devant un signe naturel qui devenait limite, un fleuve, un ruisseau, une route, une rangée d'arbres (2). Mais rien d'immuable dans ces limites ; aussi, quand la démarcation se trouvait être un cours d'eau, elle obéissait à tous ses caprices et suivait tous ses mouvements. Le cours d'eau grossissait-il, les deux riverains reculaient devant lui ; se portait-il de préférence sur une rive, l'un gagnait, l'autre perdait ; diminuait-il de volume, les deux riverains le suivaient pas à pas et profitaient de sa retraite. Le cours d'eau diminuant toujours ainsi, nous pouvons le supposer réduit à un simple filet d'eau, une ligne de raison ; les riverains s'avancent toujours, et ne sont plus séparés que par cette ligne. Puis enfin, la ligne disparaissant, leurs deux droits se heurteront et s'arrêteront ainsi chacun devant la force égale de son voisin.

On s'explique ainsi pourquoi, quand un fleuve abandonnait son ancien lit pour s'en creuser un nouveau, on ne donnait pas à titre d'indemnité le lit abandonné à l'ex-propriétaire du champ envahi (3)

Nous avons vu que les jurisconsultes romains appliquaient ces principes, même au cas où un fleuve, après avoir quitté son lit, y retourne après un certain temps ; le second lit devient à son tour la propriété de ceux qui possèdent des héritages sur ses bords. Tout autre est l'hypothèse où un fonds serait couvert par les eaux, par suite d'une inondation momentanée, *neque enim inundatio fundi speciem commutat*. Aussi l'eau venant à se retirer, le fonds ne cesse pas d'appartenir à son propriétaire (5).

(1) Non ex mensuris actis unusquisque modum accepit, sed quod aut excoluit aut in spem colendi occupavit (Siculus Flaccus, *de condit. agror.*).

(2) Certis linearum mensuris non continentur, sed arcentur fines eorum objectu fluminum, montium, arborum (Isidore de Séville).— Hi tamen finiuntur terminis et arboribus notatis, et antemissis, et superciliis et vepribus, et viis, et rivis et fossis (Siculus Flaccus, *de condit. agror.*).

(3) Inst., § 23, *de Rer. divis.*

(4) L. 7, § 5, *de acquir. Rer. domin.*

(5) Inst., § 24, *de Rer. divis.* — L. 7, § 6, *de acquir. Rer. domin.*

§ III. **Berges et rives.** — A la masse liquide et au lit, il faut ajouter les berges ; elles font également partie du domaine public(1). Ces berges ne sont, en effet, que la continuation du lit, qui se relève de chaque côté pour former le vaisseau.

Il ne faut pas les confondre avec les rives proprement dites, dont la propriété appartient aux riverains, l'usage seul étant public (2). Ce qui rend la confusion facile, c'est que en droit Romain, il n'y a qu'un seul mot pour désigner la rive et la berge d'un fleuve, c'est le mot *ripa*. Aussi Cujas et Pothier ne trouvaient-ils d'autre moyen de concilier le *principium* de la loi 3 *de fluminibus* avec le paragraphe 2 de la même loi, qu'en supprimant la négation qui se trouve dans ce dernier texte ; grâce à notre distinction, cette altération ne nous paraît motivée par aucune nécessité.

Que comprenait la berge ? Ulpien la définit ainsi : *Ripa autem recte definitur quod flumen continet naturalem rigorem cursus sui tenens* (3). Les crues accidentelles et temporaires ne changent pas ses limites : *Cæterum, si quando vel imbribus, vel mari, vel qua alia ratione ad tempus excreverit, ripas non mutat. Nemo denique dixit Nilum qui incremento suo Ægyptum operit ripas suas mutare vel ampliare* (4). Le domaine public finit au niveau du sol des terrains environnants, au point où la rive commence à s'incliner vers le fleuve ; *ex quo primum e plano vergere incipit usque ad aquam* (5).

§ IV. **Iles.** — Une île peut se former dans un fleuve de quatre manières différentes : Pomponius nous en indique trois : *Tribus*

(1) L. 3, pr., *de flumin.*

(2) Riparum usus publicus est jure gentium, sicut ipsius fluminis.... sed proprietas illorum est quorum prædiis hærent ; qua de causa arbores quoque in his natæ eorumdem sunt (l. 5, pr., *de divis. rerum*). — Secundum ripas fluminum loca *non* omnia publica sunt, cum ripæ cedant, ex quo primum a plano vergere incipit usque ad aquam (l. 3, § 2, *de flumin.*).

(3) L. 1, § 5, *de flumin.*

(4) Ib. Ib.

(5) L. 3, § 2, Ib.

modis insula in flumine fit: uno cum agrum, qui alvei non fuit, amnis circum fluit; altero cum locum qui alvei esset, siccum relinquit et circum fluere cœpit; tertio cùm paulatim colluendo locum eminentem supra alveum fecit et eum alluendo auxit (1). Paul définit la quatrième: *Quæ non ipsi alveo cohæret, sed virgultis aut alia qualibet levi materia ita sustinetur in flumine ut solum ejus non tangat, atque ipsa movetur* (2). Il s'agit dans ce dernier cas de l'île flottante.

De ces quatre espèces d'îles, nous allons tout d'abord écarter la première et la dernière, qui ne présentent pas de difficultés. En effet, quand un fleuve, se partageant en deux bras, coupe et entoure un terrain particulier, l'île ainsi formée ne change pas de maîtres, *causa proprietatis non mutatur;* il n'y a ici qu'un changement de lit partiel; aucun sol nouveau n'apparaît. Pour l'île flottante, le texte de Paul qui s'en occupe la proclame publique, comme le fleuve qui la porte.

Ce qui concerne les îles de dessèchement ou d'attérissement demande plus d'explication. D'abord, à qui la propriété en est-elle atbuée? Pomponius nous répond: *Privata insula ejus fit cujus ager propior fuerit, cum primum extitit.* (3). Gaius reproduit la même idée: *Insula in flumine nata... si quidem mediam partem fluminis tenet, communis est eorum qui ab utraque parte prope ripas prædia possident* (4). Proculus n'est pas moins formel (5). Ulpien est aussi catégorique et plus complet: *Si insula in flumine publico erit nata, neque ea aliquid fiat, non videtur in publico fieri: illa enim insula aut occupantis est, si limitati agri fuerunt, aut ejus cujus ripam contingit, aut si in medio alveo nata est eorum qui prope utrasque ripas possident* (6).

(1) L. 30, § 2, *de acquir. Rer. domin.*

(2) L. 65, § 2, *Ib.*

(3) L. 30, § 2, *Ib.*

(4) L. 7, § 3, *de acquir. Rer. domin.* Gaius, *Inst.*, C. II, § 72.

(5) L. 56, *de acquir. Rer. domin.*

(6) L. 1, § 6, *de flumin.*

Ainsi, l'attribution à la propriété privée de l'île née dans un fleuve public est proclamée par des textes nombreux. L'Etat n'y a aucun droit, pour la raison que nous avons déjà donnée au sujet du lit abandonné ; ce lit n'est public qu'autant qu'il supporte la masse liquide. Le sol, débarrassé de cet adhérent, soit par le dessèchement, soit par le soulèvement, cesse d'être une partie essentielle du fleuve, échappe au domaine public et réclame la propriété privée. En se trouvant séparé de la masse liquide, il a changé de nature : *natura fluminis hæc est ut, cursu mutato, alvei causam mutet* (1).

Mais quelle sera cette propriété privée qui va s'établir sur l'île née dans un fleuve? Nous répéterons ici ce que nous avons dit au sujet du lit abandonné : Si les champs riverains sont *limitati*, l'île est *res nullius*, elle appartient au premier occupant (2) ; si les champs sont *arcifinales*, l'île appartient aux riverains. D'après quelles règles, dans ce dernier cas, s'en fera l'attribution? On tire au milieu du fleuve une ligne parallèle aux deux rives. Ou bien l'île est traversée par cette ligne, ou bien elle se trouve tout entière d'un côté de cette ligne. Dans le premier cas, tout ce qui se trouve à droite de la ligne médiane appartient aux riverains de droite, tout ce qui se trouve à gauche, aux riverains de gauche. Dans le second cas, l'île appartient tout entière aux riverains du côté desquels elle est située. Que si, dans l'une ou l'autre hypothèse, l'île longe plusieurs fonds, on abaisse des deux extrémités de chaque fonds deux perpendiculaires sur la ligne médiane, et l'on attribue la partie comprise entre ces deux lignes au propriétaire du fonds correspondant (3), *pro modo latitudunis cujusque fundi*.

Mais cette ligne médiane est mobile et variable : on la trace sur de nouvelles bases pour tous les faits nouveaux qui se produisent dans le fleuve. Ainsi une première île vient à naître, on tire la

(1) L. 30, § 2, *de acquir. Rer. domin.*

(2) Illa enim insula occupantis est, si limitati agri fuerunt (l. 1, § 6, *de flumin.*)

(3) Quantum enim ante cujusque eorum ripam est, (tantum), veluti linea in directum per insulam transducta, quisque eorum in ea habebit certis regionibus (l. 29, *de acquir. Rer. domin.*).

ligne de démarcation parallèlement aux deux fonds riverains A et B; si l'île se trouve toute du côté du fonds A, elle appartient tout entière au propriétaire de ce fonds. Plus tard, cette île s'augmente par l'alluvion et dépasse la ligne médiane, l'alluvion n'en profite pas moins au propriétaire du fonds A. Ou bien entre l'île et le fonds B naît une seconde île, on tirera une nouvelle ligne parallèle à la rive du fonds B et à la rive de l'île; en effet, la limite du fonds A est reportée sur le bord extérieur de l'île (1). Ces décisions sont la négation formelle de la propriété antérieure des riverains sur les lits des fleuves et renversent à elles seules le système de M. Ducaurroy, qui n'accorde qu'une servitude au domaine public.

Nous avons laissé de côté, dans ces explications, un texte de Labéon qui a donné lieu à bien des commentaires : c'est le fragment suivant : *Si id quod in publico innatum aut ædificatum est, publicum est, insula quoque quæ in flumine publico nata est, publica esse debet* (2). On a tenté d'expliquer ce texte de différentes manières. Un commentateur aux abois ne trouva moyen de se tirer d'affaire qu'en transformant l'affirmation du texte en une négation ; mais le texte des Basiliques vient confirmer celui de la Vulgate : *Si quod in publico nascitur aut ædificatur publicum est, oportet et natam in publico flumine insulam publicam esse.* Cujas proposait d'entendre ce texte comme parlant seulement de l'usage des îles ; mais encore cela ne serait vrai que pour les rives. Pothier appliquait cette décision seulement aux îles flottantes ; mais c'est apporter au texte une restriction que ne comportent pas ses termes. Admettrons-nous une divergence d'opinions ? Cela n'est guère possible : en effet, dans le paragraphe 2 de cette même loi 65, Labéon nous dit : *si qua insula in flumine publico proxima tuo fundo nata est, ea tua est* (3). Il vaudrait mieux, ce me semble, conserver au texte sa signification littérale et n'y voir qu'une critique d'un principe admis par plusieurs jurisconsultes, d'après lesquels : *Omne quod*

(1) L. 56, *de acquir. Rer. domin.* — L. 65, § 3, *Ib.*
(2) L. 65, § 4, *Ib.*
(3) L. 65, § 2, *Ib.*

in publico innatum est aut ædificatum est, *publicum est*. Si cette proposition était exacte, dit Labéon, il s'en suivrait que l'île qui se forme *in flumine publico* est elle-même *publica*; or il n'en est rien. D'ailleurs quel que soit le sens que l'on donne à ce texte, la doctrine générale est trop bien constatée par la plupart des jurisconsultes et par Labéon lui-même, pour qu'un fragment isolé puisse rien contre elle.

§ V. **Alluvion.** — Nous allons encore retrouver la théorie que nous avons déjà appliquée au lit desséché et aux îles nées dans le fleuve. Nous n'aurons qu'à citer les décisions sans nous y arrêter; tout ce que que nous avons dit pour expliquer l'attribution du lit et des îles doit s'appliquer ici. L'alluvion est définie par les Institutes un *incrementum latens*, *per alluvionem autem id videtur adjici*, *quod ita paulatim adjicitur*, *ut intelligere non possis quoquo momento temporis adjiciatur* (1). Cet accroissement peut se faire de deux manières : tantôt le fleuve, en se retirant insensiblement, laissera à découvert une partie de son lit; tantôt il déposera peu à peu sur la rive les sables, les détritus qu'il charrie. Dans les deux cas, l'alluvion est attribuée aux propriétaires riverains, si leurs champs sont *arcifinales*. Quand les champs sont *limitati*, il n'en est plus ainsi : *in agris limitatis jus alluvionis locum non habere constat* (2).

Il faut, pour qu'il y ait alluvion, que l'accroissement se fasse peu à peu : si la violence du fleuve, détachant un fragment de terrain reconnaissable, le porte contre les champs voisins, le premier propriétaire en principe peut le revendiquer. Toutefois, si la partie enlevée est demeurée longtemps adhérente au fonds du voisin, si les arbres entraînés avec elle ont poussé leurs racines dans le fonds, comme il est de principe que les arbres appartiennent à celui dans le champ duquel ils se nourrissent (3), ils doivent être considérés

(1) Inst., § 20, *de Rer. divis.*

(2) L. 16, *de acquir. Rer. domin.*

(3) Inst., § 31, *de Rer. divis.*

comme n'étant qu'une dépendance de ce fonds voisin, *videntur meo fundo adquisitæ esse* (1).

On a prétendu que c'était alors la portion détachée qui était acquise, et on en a cherché la preuve dans un texte de Gaius, qui est conçu presque dans les mêmes termes que le paragraphe 21 des Institutes de Justinien, mais qui porte cette variante : *videtur meo fundo adquisita esse* (2). Cette doctrine, contredite par la paraphrase de Théophile (3) et par les Institutes de Gaius (4), serait inexplicable. Il est donc très-vraisemblable qu'au Digeste comme dans les Institutes de Justinien, il faut lire *videntur adquisitæ*, au lieu de *videtur adquisita*.

§ VI. **Sources**. — Les sources étaient laissées à la propriété privée, comme l'accessoire du fonds où elles prenaient naissance (5), à moins qu'elles ne fussent nécessaires à l'alimentation des aqueducs, car alors le domaine public s'en emparait, et les eaux confisquées étaient amenées à Rome par ces « voûtes aériennes qui s'élevaient vers le ciel comme des montagnes, apportant des fleuves dans ses murs, au sein de ses édifices retentissant du bruit de mille fontaines (6). »

On ne distinguait point suivant la nature de l'eau minérale, thermale ou saline ; la source ne pouvait être enlevée à son propriétaire que pour cause d'utilité publique et moyennant une indemnité. Sauf cela, les jurisconsultes romains reconnaissaient au propriétaire de la source, et attestaient à l'envi son droit de libre disposition : *Prodesse enim sibi quisque, dum aliis non nocet, non prohibetur, nec quemquam hoc nomine teneri* (7).

(1) Inst., § 21, *de Rer. divis.*

(2) L. 7, § 2, *de acquir. Rer. domin.*

(3) Theoph., Paraph., § 21.

(4) Gaius, c. II, § 71.

(5) *Portio enim agri videtur aqua viva* (l. 2, *quod vi aut clam.*).

(6) Voyage de Rutilius à Rome.

(7) L. 24, § 12, *de damno infecto.* — L. 10, *de servit. et aqua.*

Il en résultait que le propriétaire d'une source pouvait l'employer à tel usage que bon lui semblait, pour arroser ses fonds en former des réservoirs, des fontaines, des bassins, etc.; il pouvait même l'arrêter dans son cours et en priver les héritages inférieurs, vers lesquels la pente naturelle du sol l'aurait portée.

Les jurisconsultes romains étaient unanimes sur ce point, et l'empereur Claude a donné une sanction suprême à leurs décisions par une constitution de l'année 270 (1), par laquelle il déclare que le président de la province ne peut pas empêcher le propriétaire de l'héritage où naît la source, de s'en servir pour l'irrigation de son fonds, quand même les propriétaires inférieurs en réclameraient l'usage, et quoiqu'il puisse paraître dur et presque cruel de les en priver.

Toutefois, la loi romaine accordait l'action de dol aux propriétaires des fonds inférieurs pour contraindre le propriétaire de la source à la laisser à son cours naturel, quand il était établi qu'il la retenait sans utilité pour lui-même, peut-être d'une manière dommageable à ses intérêts, et dans le but évident de nuire aux fonds inférieurs, *animo nocendi, non utilitatis causa*, disait Marcellus (2)

De même, le propriétaire d'un fonds pouvait y faire toutes les fouilles qu'il jugeait à propos, afin de découvrir les eaux souterraines qui s'y trouvaient; il pouvait ainsi couper les veines ignorées qui alimentaient les sources des fonds voisins (3); mais ici encore, la loi romaine défendait les travaux qui avaient uniquement pour but de nuire à l'héritage d'autrui (4). *Malitiis non est indulgendum.*

(1) Const. 6, *de servit. et aqua.*

(2) L. 38, *de Rei vindicat.* — L. 1, *de aqua et aq. pluv. arc.* — L. 11, *Ib.* — L. 12, *Ib.*

(3) L. 21, *ib.* — L. 24, § 12, *de damno infecto.*

(4) L. 1, § 12, *de aqua et aquæ pluv. arc.*

CHAPITRE III.

DROITS DES RIVERAINS. — PRISES D'EAU. — SERVITUDE D'AQUEDUC. — SERVITUDE D'UTILITÉ PUBLIQUE SUR LES RIVES DES FLEUVES.

Outre les droits que nous venons, dans le chapitre précédent, de reconnaître aux riverains sur l'alluvion, les îles et le lit abandonné, ils trouvaient encore dans le voisinage des fleuves un avantage considérable ; c'était le droit de prise d'eau.

Comment était réglementé ce droit ? Il faut faire une distinction entre les eaux publiques et les eaux privées.

S'agissait-il d'un fleuve public qui servait à la navigation ou qui en rendait un autre navigable, ou enfin qui fournissait de l'eau à un aqueduc, le riverain devait au préalable obtenir du préteur l'autorisation de dériver l'eau. Bien plus cette autorisation devait être refusée toutes les fois que la prise d'eau aurait nui à la navigation (1).

A l'inverse, le riverain d'un fleuve public qui ne servait pas à la navigation, pouvait, sans autorisation, y pratiquer les prises d'eau qu'il jugeait utiles à son exploitation ; il ne pouvait être arrêté, au témoignage de Pomponius (2), que par une prohibition formelle de

(1) Si flumen navigabile sit, non oportere prætorem concedere ductionem ex eo fieri, Labeo ait, quæ flumen minus navigabile efficiat. Idemque est, et si per hoc aliud flumen fiat navigabile (l. 10, § 2, *de aqua et aquæ*).

(2) *Quo minus ex publico flumine ducatur aqua, nihil impedit, nisi imperator aut senatus vetet : si modo ea aqua in usu publico non erit ; sed si aut navigabile est, aut ex eo aliud navigabile fit : non permittitur id facere* (l. 2, *de flumin.*) — Cette loi nous montre jusqu'à quel point les intérêts de la navigation étaient favorisés. Cette préoccupation marquée de faciliter les communications par voie d'eau n'a rien qui doive nous surprendre. On la retrouve à un même degré chez tous les peuples. Le fleuve, a dit Pascal, est un chemin qui marche ; et les civilisations qui commencent, impuissantes à mener encore à bien les grandes routes et les ponts, apprécient plus que d'autres l'avantage de ces chemins tout faits par la nature, qu'il ne s'agit pour ainsi dire pas même d'entretenir, qu'il suffit de ne pas laisser détériorer.

l'Empereur ou du Sénat. Toutefois, comme il y a dans ces matières beaucoup d'intérêts à ménager, beaucoup de prétentions à concilier, le préteur intervenait pour régler le droit de chacun. Le riverain, qui prenait de l'eau, ne devait nuire ni à son voisin, ni au riverain d'en face (1). Nous trouvons dans une constitution d'Antonin la base de ces règlements : *Imperatores Antoninus et Verus Augusti rescripserunt aquam de flumine publico pro modo possessionum ad irrigandos agros dividi oportere, nisi proprio quis jure plus sibi datum ost enderet. Item rescripserunt aquam ita ducere permitti, si sine injuria alterius id fiat* (2). Ainsi le droit de chacun des riverains se mesurait en principe sur l'étendue de sa propriété. Mais le même texte nous montre que parfois des riverains pouvaient se trouver dans une position plus favorable : ainsi, il pouvait se faire qu'en vertu d'un titre le riverain supérieur eût acquis le droit d'absorber et de consommer la quantité d'eau qui revenait au riverain inférieur.

En ce qui concerne les eaux privées, le droit de détourner ces eaux ou de s'en servir résulte du consentement exprès ou tacite de leur propriétaire (3).

Mais quelle que soit la nature des eaux que l'on veut détourner à son profit, qu'elles soient publiques ou privées, qu'il faille l'autorisation du préteur ou le consentement du propriétaire, pour pouvoir s'en servir, il faut, le plus souvent, les faire passer sur des fonds intermédiaires ; le droit de conduire l'eau à travers ces fonds constitue, à proprement parler, la servitude d'aqueduc.

Elle donne ordinairement au propriétaire du fonds dominant le droit de faire dans le fonds servant, l'ouvrage nécessaire pour l'exercer ; mais on a décidé avec raison que les eaux, qui font l'objet d'une servitude, ne devraient être conduites par un canal de pierres que dans le cas où la constitution du droit de s'en servir

(1) Ex flumine aquam ducere plures possunt, ita tamen ut vicinis non noceant, vel si angustus amnis sit, etiam ei qui in alia ripa est (l. 3, § 1, *de aqua cot. et æst.*).

(2) L. 17, *de servit. præd. rustic.*

(3) Const. 4, *de servit. et aqua.*

en ferait mention : car il n'est pas d'usage que celui qui a droit à un aqueduc le construise en pierres. Si le titre constitutif de la servitude ne dit pas de quelle manière l'aqueduc sera construit, on l'établira suivant l'usage au moyen de tuyaux, mais toujours de manière à ce qu'il ne cause aucun dommage au propriétaire du fonds servant (1). C'est ainsi qu'on ne pouvait faire passer l'eau sur les parties du fonds servant bâties ou plantées (2).

La rencontre d'un lieu sacré ou religieux empêche l'établissement de la servitude, parce que la servitude, étant un droit réel sur la chose d'autrui, ne peut grever que des objets *in commercio* (3). Pour faire passer l'eau sur un lieu public, il fallait une permission de l'Empereur : *a principe peti solet ut per viam publicam aquam ducere sine incommodo publico liceat* (4).

En général, ce n'est pas l'étendue des besoins, mais la constitution de la servitude ou la concession qui détermine la quantité d'eau que l'on peut prendre.

Pour les cours d'eau publics, la quantité d'eau était presque toujours déterminée. Des peines sévères étaient portées contre ceux qui adaptaient aux conduits publics des tuyaux plus grands qu'il ne leur avait été permis. Lorsqu'on avait oublié la mesure concédée, on s'en référait à l'usage du concessionnaire (5). Si la quantité d'eau qui peut être détournée d'un fleuve public n'avait pas été déterminée dans l'autorisation, on prenait la quantité dont on avait besoin (6).

De même pour les cours d'eau privés, on ne peut user de ces eaux que dans la limite convenue. Si la convention est muette sur ce point, on continue à détourner la même quantité que dans le courant de l'année; le propriétaire du fonds servant peut s'opposer, même par la force, à un changement (7),

(1) L. 17, § 1, *de aqua et aq.*
(2) L. 9, *de servit.* — L. 22, *de servit. præd. rust.*
(3) L. 1, *de servit. præd. urb.*
(4) L. 14, § 2, *de servit.* — L. 18, § 1, *de aqua et aq. pluv. arc.*
(5) Const. 4, *de aquæ ductu.*
(6) L 17, *de servit. præd. rust.*
(7) L. 1, pr. et § 15, *de aq. cot. et æstiv.*

La prise d'eau, une fois établie, le préteur la protégeait par un interdit contre les entreprises des voisins : *Ait prætor : uti hoc anno aquam de qua agitur, non vi, non clam, non precario ab illo duxisti, quominus ita ducas vim fieri veto* (1). Cet interdit protégeait non seulement le droit de prise d'eau pour l'irrigation, mais toute prise d'eau, à quelque usage qu'elle fût destinée (2).

Outre la servitude d'aqueduc, dont ils peuvent être grevés, les riverains ont leurs propriétés soumises à une servitude dont l'existence est nécessaire à l'exercice de la navigation. L'usage de la rive est public comme celui du fleuve même : il est libre à chacun d'y faire aborder des navires, d'amarrer des câbles aux arbres qui y croissent, d'y déposer des fardeaux, etc (3). Mais remarquons bien que c'est l'usage seulement qui en est ainsi public ; la rive appartient en propriété, non au peuple, mais aux riverains. Les conséquences en sont que les riverains seuls ont le droit de couper les joncs et les herbes, de tailler les arbres, de prendre les fruits, etc. Toutefois l'exercice de leur droit de propriété est limité ; il ne doit jamais nuire à la navigation. Réciproquement on ne peut user de la rive que pour la navigation : celui qui y ferait des constructions n'en acquerrait pas la propriété : *qui autem in ripa fluminis ædificat non suum facit* (4).

(1) L. 1, pr., *de aq. cot. et æstiv.*

(2) L. 1, § 11, *ib.*

(3) Inst., § 4, *de Rer. divis.*

(4) L. 65, § 1, *de acquir. Rer. domin.*

CHAPITRE IV.

POLICE DES EAUX. — INTERDITS.

La police des eaux tient une place importante dans la législation romaine. Dans tout état civilisé, il est nécessaire que la garde et la conservation des choses publiques soient confiées à l'administration. C'est ce qui avait lieu à Rome; nous y voyons en effet, comme chez nous, les cours d'eau et les autres dépendances du domaine public placés sous la surveillance de l'autorité administrative, représentée par le préteur.

C'était à lui qu'il fallait s'adresser pour établir une pêcherie, bâtir une digue, une terrasse, faire en un mot sur le bord de la mer une construction quelconque (1). Saisi de la demande, le préteur prenait l'avis des édiles, des intendants des travaux publics, et si la construction ne paraissait pas devoir nuire à la navigation, à la défense des côtes, aux propriétaires voisins, il rendait un décret d'autorisation. C'était encore à lui qu'il fallait s'adresser à l'effet d'obtenir une concession pour détourner l'eau d'un fleuve public. Nous avons vu qu'il ne l'accordait que lorsque la prise d'eau ne nuisait pas à la navigation (2).

Mais sous l'Empire tout cela changea. « Il entrait, dit M. Serrigny, dans la politique impériale de laisser tomber une ancienne magistrature dont le nom, cher aux Romains (3), rappelait le souvenir des institutions républicaines, et dont les titulaires étaient

(1) Quamvis quod in littore publico vel in mari extruxerimus nostrum fiat : tamen *decretum prætoris* adhibendum est, ut id facere liceat (l. 50, *de acquir. Rer. domin.*).

(2) L. 10, § 2, *de aqua et aquæ*. — L. 2, *de flumin.*

(3) Antiquis Romanis vehementer prætoris placuit nomen (nov. 13, c. 1, § 1).

encore nommés par le Sénat (1). Bientôt les préteurs n'eurent plus d'autre fonction que de donner des jeux pour l'amusement du peuple, à tel point que dans plusieurs constitutions, ils sont appelés donneurs de jeu, *editores munerum sive ludorum* (2), et que presque toutes les lois du Code Théodosien au titre *de prætoribus* n'ont d'autre objet que de régler les devoirs et les charges des préteurs à ce sujet.

C'est l'époque de la décadence romaine; c'est l'époque où le poëte Juvénal s'écrie en parlant du peuple romain :

> . . . . duas tantum res anxius optat
> Panem et circenses (3).

C'est l'époque aussi de ces naumachies somptueuses, dont les historiens nous ont laissé de si étranges descriptions. Tacite dans ses Annales nous fait le récit d'une de ces fêtes nautiques donnée lors de l'inauguration d'un canal destiné à écouler les eaux du lac Fucin (aujourd'hui le Celano) dans la rivière du Liris (le Garigliano). L'ouvrage achevé, Claude donna sur ce lac une fête nautique, dans laquelle dix-neuf mille hommes, choisis parmi les condamnés (4), combattirent sur des navires, en présence de l'Empereur, d'Agrippine et d'une foule innombrable accourue et répandue en amphithéâtre sur les montagnes et les rives du lac pour jouir du spectacle du combat et de l'ouverture du canal (5). Le combat eut lieu avec acharnement; mais l'opération de l'écoulement des eaux manqua par la faute des entrepreneurs qui n'avaient pas pris leur niveau assez bas (6).

(1) Const. 2, *de off. prætor.*

(2) Const. 1, 4, 5, 18, *de prætoribus*, Cod. Th.

(3) Juvenal, *satir.* X, 80.

(4) Pugnatum quanquam inter sontes, fortium virorum animo, ac post multum vulnerum, occidioni exempti sunt (Tacit., *Ann. XII*, 56).

(5) Ripas et colles, ac montium edita in modum theatri, multitudo innumera complevit (Tacit., *ib.*).

(6) Sed, perfecto spectaculo, apertum aquarum iter, et incuria operis manifesta fuit, haud satis depressi ad lacus ima vel media (Tacit., *ib.*).

Quoi qu'il en soit, et avant que la jalousie des empereurs n'en eut fait des fonctionnaires subalternes, les préteurs étaient, comme nous l'avons dit, chargés de la police administrative. Les cours d'eau publics attirèrent surtout leur attention et furent l'objet de mesures générales que nous retrouvons sous forme d'Interdits dans les textes qui nous sont parvenus.

C'est ici le lieu de rappeler en quelques mots les caractères généraux de l'interdit. L'interdit, considéré en lui-même, était une formule conçue en termes solennels, et que le préteur octroyait dans certains cas à l'effet d'intervenir directement dans une contestation pour y mettre fin (1). Ces cas étaient ceux où le point en litige n'était pas réglé par les lois civiles. La formule qui impliquait tantôt un commandement, tantôt une défense, devenait la loi particulière de la cause.

L'interdit délivré, rien n'était préjugé quant au fond ; le préteur n'avait pas examiné si les faits allégués étaient vrais ou faux, il avait seulement reconnu que, dans l'hypothèse de ces faits, il y avait lieu à l'interdit. Alors de deux choses l'une : si la partie contre laquelle il avait été obtenu l'exécutait, tout était terminé ; sinon, si elle refusait de l'exécuter ou déniait les faits sur lesquels il était fondé, la contestation loin d'être finie, devenait un procès ordinaire. Il fallait revenir devant le préteur, qui donnait cette fois une formule d'action, et renvoyait devant un juge ou des récupérateurs chargés de constater si la loi spéciale édictée dans l'interdit précédemment délivré avait été ou non observé (2).

Telle était la procédure des interdits, et en particulier des interdits relatifs aux cours d'eau. Parmi ceux-ci les uns étaient prohibitoires, les autres restitutoires.

Dans les interdits prohibitoires, le préteur édictait une défense qui pouvait être de deux sortes : ou bien il imposait à l'une des

(1) Certis igitur ex causis, prætor aut proconsul principaliter auctoritatem suam finiendis controversiis interponit ... Formulæ autem verborum et conceptiones quibus in ea re utitur, interdicta vocantur. (Gaius, *Inst.*, c. IV, § 139)

(2) Gaius, *Inst.*, c. IV, § 141.

parties l'obligation de s'abstenir de tel ou tel acte, par exemple de rien faire sur une rivière ou sur ses rives, qui en fit couler l'eau autrement que l'été précédent, et alors la formule était simplement *veto* (1) ; ou bien il défendait à l'une des parties d'empêcher l'autre de faire quelque chose, par exemple de conduire une barque, de la charger, de la décharger sur le rivage, et alors la formule était : *Vim fieri veto* (2).

Dans les interdits restitutoires, la formule était toujours la même : *restituas* ; mais elle pouvait s'appliquer à deux hypothèses distinctes : tantôt elle visait à procurer à l'une des parties un objet déterminé, qu'il ait ou non déjà fait partie de son patrimoine, tantôt elle a pour but de rétablir un ensemble de choses dans leur ancien état (3).

Ces notions générales connues, nous pouvons aborder l'étude des interdits relatifs aux cours d'eau.

§ I. (Tit. XII). — *Ait prætor : Ne quid in flumine publico ripave ejus facias ; ne quid in flumine publico, neve in ripa ejus immittas, quo statio iterve navigio deterior sit, fiat* (4).

Cet interdit est prohibitoire. Il réprime toute entreprise nuisible à la marche et au stationnement des bateaux sur les rivières publiques (5) navigables (6). Tout ce qui serait de nature à entraver le service des navires, barques et radeaux, tout obstacle embarrassant

(1) D., 43, *ne quid in flumin.*

(2) D., 43, *ut in flumin.*

(3) C'est ce second sens que nous trouverons généralement adopté dans les interdits relatifs aux cours d'eau.

(4) L. 1, pr. *de flumin.*

(5) Hoc interdictum ad flumina publica pertinet : si autem flumen privatum sit, cessabit interdictum (l. 1, § 4, *de flumin.*)

(6) *Hoc interdictum a dea tantum flumina (publica) pertinet quæ sunt navigabilia : ad cætera non pertinet* (l. 1, § 12, *de flumin.*). — Toutefois, Labéon décide qu'on pourrait accorder l'interdit, *utilitatis causa*, contre celui qui entreprendrait de tarir un cours d'eau non navigable ou d'obstruer le courant (l. 1, § 12 et 13, *de flumin.*).

le lit du fleuve ou le chemin de halage (1) tombe donc sous le coup de l'interdit. Tous autres travaux sont permis au contraire, pourvu qu'ils n'altèrent pas le courant et ne rendent pas plus difficile l'accès de la rive (2), des ports et des stations (3).

Quant aux faits pouvant donner lieu à l'emploi de l'interdit, Ulpien nous les énumère d'une façon si complète et si claire que le mieux nous paraît être de traduire littéralement le texte, sans aucun commentaire. « On est censé avoir nui à la marche ou à l'arrêt des navires, si l'on a dégradé la rade en en rendant l'accès plus laborieux, plus étroit, moins fréquent ou même impossible. Ainsi, soit qu'on ait rétréci la partie navigable, au moyen de conduites latérales, soit qu'on ait diminué le tirant d'eau par l'élargissement du lit, soit qu'en l'encaissant au contraire, on ait augmenté la rapidité du courant; en un mot, toutes les fois qu'on a rendu la navigation difficile, périlleuse, impossible, il y a lieu à cet interdit (4) ».

Quelques lignes plus bas, Ulpien ajoute que, au dire de Labéon, l'interdit protégeait également la mer, les rivages, les ports, contre toute entreprise nuisible des navires (5).

S'il était passé outre à la défense du préteur, celui-ci accordait un interdit restitutoire ainsi conçu: *Quod in flumine publico, ripave ejus fiat, sive quid in flumen, ripamve ejus factum, immissum habes, quo statio iterve navigio deterior sit, fiat, restituas* (6).

Cet interdit est, nous l'avons dit, restitutoire; il suppose l'existence de ces faits dommageables à la navigation, dont nous parlions tout à l'heure, et il a pour but d'amener le rétablissement de l'ancien état de choses. Il tend à faire réparer le préjudice que pré-

(1) L. 1, § 14, *de flumin.*

(2) L. 1, § 12, *ib.*

(3) L. 1, § 13, *ib.*

(4) L. 1, § 15, *ib.*

(5) Si in mari aliquid fiat, Labeo ait, competere tale interdictum: ne quid in mari, inve littore, quo portus, statio, iterve navigio deterius fiat (l. 1, § 17, *de flumin.*).

(6) L. 1, § 19, *de flumin.*

voyait l'interdit prohibitoire, mais qu'en fait cet interdit n'a pu empêcher de se produire.

Contre qui l''interdit restitutoire sera-t-il donné? Si l'auteur du dommage est encore sur les lieux, la réponse est facile. Mais on peut parfaitement supposer qu'un certain temps se soit écoulé entre le moment où s'est accompli le fait dommageable et celui où l'on se décide à en demander réparation. Pendant cette période, l'auteur du dommage peut avoir vendu, avoir loué, être mort. Le recherchera-t-on, lui ou ses héritiers, ou s'en prendra-t-on à l'acheteur, au locataire, à celui, en un mot, qui bénéficie de la situation irrégulière? C'est à ce dernier qu'on s'attaquera, à raison même du fait de sa jouissance, puis, parce que ce qui importe pour l'intérêt public, c'est la célérité soit dans l'enlèvement des travaux accomplis, soit dans la reconstruction de ceux qu'on aurait fait disparaître (1)

Quant à la question de savoir si le défendeur devait supporter les frais de ce rétablissement, on distinguait s'il était ou non l'auteur des ouvrages qu'il fallait détruire. Dans le premier cas, — et l'on assimilait à l'auteur celui qui avait ratifié ce que l'on avait fait pour son compte, tout comme celui qui avait ordonné de faire, — le rétablissement était aux frais du défendeur; dans le second, n'étant que détenteur, il n'était tenu que de souffrir avec patience les travaux de rétablissement: *tunc dicemus patientiam solam præstare debere* (2).

§ II. (Tit. XIV) (3). — Les deux interdits qui précèdent tendaient

(1) L. 1, § 21 et 22, *ib.* — Mais ce qui est vrai dans les circonstances ordinaires, c'est-à-dire cette mise à l'abri des poursuites directes de l'interdit pour celui qui a loyalement vendu ou loué sa propriété, ne s'appliquerait évidemment pas à celui qui aurait cessé par dol de posséder la chose ou d'en jouir: *etenim parem esse conditionem oportet ejus qui quid possideat, vel habeat, atque ejus cujus dolo malo factum sit, quominus possideret vel haberet* (l. 2, § 42, *ne quid in loco publico*).

(2) L. 2, § 43, *ne quid in loco publico*).

(3) Nous avons cru devoir ici intervertir l'ordre du Digeste et passer immédiatement à l'examen du Titre XIV, dont l'interdit ayant pour objet de favoriser la navigation se relie naturellement à ceux que nous venons d'étudier au Titre XII.

à prévenir ou à réprimer les obstacles matériels à la navigation, obstacles résultant de travaux antérieurs exécutés dans l'eau même ou sur ses bords ; mais là où rien de semblable n'a été fait, là où les barques et les radeaux ont un libre passage il pouvait arriver que des violences personnelles exercées sur les mariniers les missent dans l'impossibilité de continuer leur voyage. Ces obstacles personnels étaient écartés au moyen d'un interdit ainsi conçu : *Quominus illi in flumine publico navem, ratem agere ; quove minus per ripam onerare, exonerare liceat, vim fieri veto. Item ut per lacum, fossam, stagnum publicum navigare liceat, interdicam.*

Cet interdit est prohibitoire. Il est basé, nous dit Ulpien, sur les mêmes motifs que l'interdit qui protége la libre circulation sur la voie publique (1). Il a pour but de réprimer des faits de violence, venant gêner l'usage nécessaire pour la navigation des cours d'eau publics et de leurs rives. Mais on a été facilement conduit à accorder l'action utile de cet interdit à tous ceux qui auraient le droit d'user d'une manière quelconque d'une rivière publique et qui en seraient empêchés. Ainsi, l'on s'oppose à ce que j'approche d'un endroit où je pourrais mener boire mon troupeau : j'aurai la faculté de me servir de l'interdit (2). Il n'en serait pas de même, nous dit Méla, si j'avais la prétention de l'invoquer au contraire pour faire détruire un abreuvoir qu'on aurait établi sur la rive (3). Il ne suffit pas, en effet, que je sois privé de tout ou partie de mon droit de jouissance par tel ou tel travail, il faut que cette privation résulte d'une violence qui m'aurait été faite.

En citant son texte, nous avons pu constater que cet interdit protégeait également la navigation sur un lac, un canal (4), un étang (5) publics. Par extension, Sabinus et Labéon accordaient

(1) L. 1, § 1, *ut in flumine.*

(2) L. 1, § 8, *ib.*

(3) *ib.* *ib.*

(4) L. 1, § 5, *ib.*

(5) L. 1, § 6, *ib.*

l'interdit utile au fermier de l'État qu'on aurait troublé dans l'exercice de son droit de pêche sur un lac ou un étang publics (1).

§ III. (Tit. XIII). — Jusqu'ici, les interdits que nous avons étudiés n'ont trait qu'au service public de la navigation. Nous en trouvons au titre XIII deux autres destinés à sauvegarder l'intérêt des riverains.

Prætor ait : In flumine publico, inve ripa ejus facere, aut in id flumen ripamve ejus immittere, quo aliter aqua fluat quam priore æstate fluxit, veto.

Cet interdit est prohibitoire. De plus il est populaire, c'est-à-dire à la disposition de tout citoyen, *cuivis ex populo ;* mais il ne peut être exercé que contre celui qui, sans en avoir le droit, a changé le cours de l'eau (2).

Son objet, c'est d'empêcher que des dérivations non autorisées (3) n'amènent le dessèchement de la rivière, ou qu'un changement de lit, creusé de mains d'hommes, ne vienne porter dommage aux riverains. Le point de comparaison pour apprécier l'étendue des changements est l'état du fleuve pendant l'été précédent, ou

(1) L. 1, § 7, *ut in flumine.*

(2) L. 1, § 9, *ne quid in flumine.*

(3) Hoc interdicto prospexit prætor, ne derivationibus *minus* concessis, flumina *exarescant*..... (l. 1, § 1, *ne quid in flumine*), de peur qu'on ne dessèche un fleuve en détournant ses eaux, *sans en avoir le droit* (minus concessis). Tel est du moins le texte rétabli par Pothier. Il paraît, en effet, cadrer mieux avec l'ensemble de notre matière et la formule même de notre interdit. La version florentine : « Ne derivationibus *minus* concessis, flumina *excrescant* » nous semblerait indiquer seulement le désir du préteur de voir se multiplier les déversoirs des fleuves exposés à des crues trop abondantes ; mais on ne saurait trouver dans le fait des particuliers de n'avoir pas établi ces déversoirs, la matière d'un interdit, ni surtout d'un interdit prohibitoire. Heloander, lui, corrige le texte du Digeste de la façon suivante, il écrit : « Ne derivationibus *nimiis* concessis, flumina *exarescant.* » Le sens est alors : de peur qu'on ne dessèche les fleuves par des concessions d'eau trop nombreuses.

plutôt à l'équinoxe de l'automne précédent, parce que à cette époque, le cours des eaux est moins variable qu'en hiver (1).

L'interdit défend donc toute espèce d'ouvrages qui auraient pour résultat de faire couler l'eau autrement que l'été précédent. Remarquons avec Ulpien que le mot *autrement* (*aliter*) n'a pas trait à une modification apportée au volume de l'eau, mais à un changement survenu dans l'intensité du courant et dans sa direction (2). Ce n'est plus d'ailleurs au point de vue des intérêts de la navigation que le préteur se placera ici pour apprécier les faits qui lui seront soumis; c'est au point de vue exclusif de l'intérêt des riverains. Peu importerait donc que le niveau des eaux eût baissé ou monté, que la pente fût diminuée ou fût accrue; peu importerait, en un mot, que l'eau coulât autrement que l'été précédent, si le riverain n'en avait souffert aucun dommage (3). Ces faits pourraient tomber peut-être sous le coup d'un des interdits dont nous parlions tout-à-l'heure, mais l'interdit du titre XIII ne leur serait pas applicable.

L'auteur de l'ouvrage incriminé pouvait-il exciper de la nécessité où il se trouvait de protéger sa propriété contre les dégâts occasionnés par le fleuve? Pouvait-il répondre à l'interdit par l'exception: *Quod ejus ripæ muniendæ causa non fiet?* La question était fort controversée parmi les jurisconsultes Romains. Les uns accordaient l'exception, se fondant sur ce que la défense faite au riverain d'élever une digue, pourrait compromettre sérieusement sa propriété, alors que l'établissement de cet ouvrage ne causerait

(1) ....*quia semper certior est naturalis cursus fluminum æstate potius quam hyeme*...... *Æstas ad æquinoctium autumnale refertur* (l. 1, § 8, *ne quid in flumine*) — Maintenant, que faut-il entendre par l'été précédent? Est-ce le dernier été? Non, répond Ulpien: « *Nec ad instantem æstatem, sed ad priorem, interdictum hoc refectur; quia illius æstatis fluxus indubitatior est* (l. 1, § 8, *ib.*) » Nous avouons ne pas bien comprendre cette raison, ni comment, au mois d'avril de l'année 1874, par exemple, il serait plus facile de connaître exactement la manière dont coulait l'eau pendant l'été de 1872 que pendant l'été de 1873.

(2) L. 1, § 8, *ne quid in flumine.*

(3) *Ib.* *ib.*

qu'un dommage inappréciable à ses coriverains. Les autres refusaient l'exception, et motivaient leur refus en disant que la construction d'un ouvrage d'art pouvait être pour les coriverains une cause de dommages et de désagréments sans nombre; *ripæ cum incommodo accolentium munienda non sunt* (1).

On en vint donc à abandonner la question à l'appréciation du préteur, solution très-équitable, sanctionnée au code par une constitution de l'empereur Gordien (2). En effet, nous dit Ulpien, il se peut que la culture ait grandement à souffrir des débordements d'une rivière; si le propriétaire, pour garantir ses champs du retour de ces inondations périodiques, construit une digue ou fait d'autres travaux de défense qui changent quelque peu le cours du fleuve, comment pourrait-on l'en blamer? Il faut, dans le jugement de ces questions, tenir compte des difficultés de la situation et les concilier au mieux avec les droits des voisins (3).

Si les entreprises avaient été consommées, l'interdit prohibitoire, dont nous venons de parler, se trouvait insuffisant; aussi le préteur accordait-il comme pour la navigation un interdit restitutoire: *Quod in flumine publico ripave ejus factum, sive quid in flumen ripamve ejus immissum habes, si ob id aliter aqua fluit atque (uti) priore æstate fluxit, restituatur* (4).

L'interdit précédent avait pour objet d'empêcher l'exécution des travaux projetés; celui-ci obligera à les détruire, s'ils ont été exécutés. Il faut appliquer à cet interdit tout ce que nous avons dit au sujet de l'interdit restitutoire qui protége la navigation.

§ IV. **Interdit de ripa munienda.** — *Prætor ait : Quominus illi in flumine publico ripave ejus opus facere, ripæ agrive qui circa ripam est, tuendi causa, liceat, dum ne ob id navigatio deterior fiat; si tibi damni infecti in annos decem, viri boni arbitratu,*

(1) L. 1, § 6, *ne quid in flumine.*

(2) Const. 1, *de alluvionibus.*

(3) L. 1, § 7, *ne quid in flumine publico.*

(4) L. 1, § 11, *ib.*

vel cautum vel satisdatum est, aut per illum non stat quominus viri boni arbitratu caveatur vel satisdetur, vim fieri veto.

Cet interdit est prohibitoire; mais au lieu d'avoir pour but d'empêcher les travaux dans le fleuve ou sur la rive, comme le faisaient es interdits des titres XII et XIII, il défend au contraire qu'on ne mette obstacle à la confection des travaux entrepris par un riverain pour la défense de ses fonds.

Toutefois, deux conditions sont exigées du riverain pour qu'il puisse se trouver sous la sauvegarde de cet interdit. Il faut d'abord que ses travaux ne nuisent pas à la navigation, *ne ob id navigatio deterior fiat* (1). C'est la première chose à laquelle il devra veiller; sur ce point l'intérêt général prime son intérêt particulier. La seconde chose qu'il devra observer, ce sera de ne pas nuire au voisin. Veut-il au surplus se mettre à l'abri de ses réclamations et s'assurer le bénéfice de l'interdit, qu'il fasse estimer, à dire d'experts, *viri boni arbitratu*, le dommage éventuel pouvant résulter des travaux qu'il veut entreprendre et qu'il en donne caution pour dix ans à ses voisins (2). Ceux-ci sont intéressés, remarque Ulpien, à obtenir la caution avant l'achèvement des travaux; car plus tard l'interdit ne peut leur être d'aucun secours pour obtenir la réparation du dommage causé. Ils devront alors recourir à la loi Aquilia, perdant ainsi le bénéfice de la procédure rapide de l'interdit (3).

Bien que l'interdit ne parlât que des rives d'une rivière publique, Ulpien dit qu'on l'accordait *utilitatis causa* à tous ceux qui voulaient faire des réparations aux rives d'un lac, d'un étang ou d'un canal (4).

(1) L. 1, § 2, *de ripa munienda.*

(2) L. 1, § 3, *de ripa munienda.* — Les mots *secundum qualitatem personæ* ont trait aux deux hypothèses qui peuvent se présenter. Ou celui qui demande caution la demande en son nom propre et on devra la lui donner (*cavere*); ou il la réclame pour un tiers, et il suffira de la lui promettre (*satisdare*).

(3) L. 1, § 5, *de ripa munienda.*

(4) L. 1, § 6, *ib.*

§ V. **Interdit de aqua cottidiana et æstiva.** — *Ait prætor : Uti hoc anno aquam, qua de agitur, non vi, non clam, non precario ab illo duxisti quominus ita ducas, vim fieri veto.*

L'eau que cet interdit appelle *cottidiana* est celle dont on fait ou dont on peut faire usage tous les jours, ou encore celle dont la servitude est divisée en intervalles de temps. L'eau dite au contraire *aqua æstiva* est celle dont on a l'habitude de n'user qu'en été (1). Il n'y a du reste entre les deux qu'une différence de mots ; elles sont régies en droit par les mêmes règles.

Sous ces dénominations d'*aqua cottidiana* et *æstiva*, il faut comprendre une eau courante quelconque employée par l'homme à son usage. L'interdit a pour but de protéger dans sa possession celui qui, croyant avoir droit à l'usage de l'eau, en a joui depuis un an, *nec vi, nec clam, nec precario* (2). Il est applicable quel que soit l'usage auquel les eaux ont été employées, que ce soit à des usages domestiques, ou bien à l'irrigation des terres (3), et par conséquent sans distinction entre la ville et la campagne (4).

§ VI. **Interdit de rivis.** — Cet interdit a surtout pour objet de protéger dans sa possession le maître d'un aqueduc ; protection qui comprendra non pas seulement le libre écoulement des eaux, mais encore la faculté de faire aux conduites toutes réparations utiles (5) : *Rivos, specus, septa, reficere, purgare aquæ ducendæ causa, quo minus liceat illi : dum ne aliter aquam ducat, quam uti priore æstate, non vi, non clam, non precario a te duxit : vim fieri veto.*

Le mot *rivus* désigne les canaux ouverts (6), *specus* les bassins

(1) L. 1, § 3, *de aqua cotid. et æstiva.*
(2) L. 1, § 10, *ib.*
(3) L. 1, § 11, *ib.*
(4) L. 1, § 14, *ib.*
(5) L. 1, § 8, *de rivis.*
(6) L. 1, § 2, *ib.*

dans lesquels on amasse les eaux (1), et *septa* les tuyaux destinés à conduire et à transmettre les eaux (2). Par une juste extension, l'édit s'appliquait aux puits, aux fosses et aux saignées pratiquées dans les rives d'un fleuve (*incile*) (3).

Les réparations autorisées sont toutes réparations nécessaires ou utiles. D'après Labéon, il devra être permis au propriétaire des eaux de changer les conduites, et même d'en mettre à un canal qui n'en avait pas. Cette opinion est partagée par Ulpien qui y apporte toutefois une restriction : il accorde bien la protection de l'interdit au propriétaire des eaux qui veut établir des conduites dans un canal qui n'en avait pas jusqu'alors, mais à la condition qu'il n'en résulte aucune espèce de dommage pour le fonds servant (4).

Ajoutons que le maître de l'aqueduc donnait, préalablement à tous travaux, caution de réparer les dégâts qui seraient occasionnés par leur confection (5).

§ VII. **Interdit de fonte.** — Cet interdit concerne exclusivement les eaux vives; on ne pouvait donc pas en étendre l'application aux eaux d'une citerne, ou à celles d'un marais alimenté seulement par les eaux de pluie (6) : *uti de eo fonte quo de agitur, hoc anno aqua nec vi, nec clam, nec precario ab illo usus es : quominus ita utaris, vim fieri veto. De lacu, puteo, piscina item interdicam.*

L'édit sera utilement invoqué toutes les fois que celui qui a la possession légitime de la fontaine, aura à se plaindre d'un trouble apporté à sa jouissance, soit qu'on l'empêche de puiser de l'eau, soit qu'on l'empêche de faire approcher ses bestiaux de l'abreu-

(1) L. 1, § 3, *de rivis.*
(2) L. 1, § 4, *ib.*
(3) L. 1, § 5, *ib.*
(4) L. 3, § 2, *ib.*
(5) L. 3, § 9, *ib.*
(6) L. 1, § 4, *de fonte.*

voir (1), soit même dans le cas où on s'opposerait à son passage sur le fonds servant (2).

Une extension de l'édit permettait aux possesseurs de faire aux fontaines toutes réparations que pouvait nécessiter leur état : *Quominus fontem quo de agitur, purges, reficias, ut aquam coercere, utique ea possis, ... vim fieri veto* (3).

(1) L. 1, § 2, *de fonte.*
(2) L. 1, § 5, *ib.*
(3) L. 1, § 6, *ib.*

DES CHARGES
ET DES AVANTAGES
QUI RÉSULTENT
DU
COURS NATUREL DES EAUX.

DES CHARGES ET DES AVANTAGES

QUI RÉSULTENT DU COURS NATUREL DES EAUX.

INTRODUCTION.

« Maintenir le propriétaire dans toute l'indépendance et la liberté de jouissance compatibles avec l'intérêt général, et n'exiger de lui des sacrifices qu'autant qu'ils sont nécessaires pour assurer un plus grand bien dans la société, » tel était le programme que s'étaient tracé les rédacteurs du projet de Code rural en 1802, tel était le principe fondamental qu'ils voulaient faire rayonner sur l'ensemble de notre législation rurale.

Certes, s'il est un sujet qui, plus que tout autre, demande l'application de cette règle, c'est bien celui que nous nous sommes proposé de traiter, je veux parler du Régime des eaux. Aussi ne saurions-nous trop regretter les retards et les ajournements indéfinis qui font qu'après soixante-dix ans, nous sommes encore à attendre une codification rurale, tandis que des nations voisines, qui n'ont fait d'abord que nous suivre dans la voie du progrès en copiant nos Codes, nous ont cette fois devancés sur le terrain des améliorations en réglementant d'une façon complète cette importante matière.

On sait en effet les nombreuses vicissitudes qu'a eu à subir le travail entrepris en 1802. Après avoir été soumis à des commissions consultatives, après avoir été l'objet de longues études et de nombreuses observations, il fut définitivement abandonné ; repris, il y a quelques années sur la proposition du Sénat, il serait peut-être aujourd'hui converti en loi sans les malheurs qui sont venus fondre sur notre pays.

Espérons qu'après tant de cruelles épreuves, la France va enfin recouvrer un peu de calme, et que les circonstances permettront de reprendre le travail interrompu. L'œuvre ne sera pas parfaite assurément ; mais n'eût-elle d'autre avantage que celui de colliger et de classer avec ordre toutes les lois, ordonnances et décrets qui, par leur défaut d'ensemble et d'unité dans la conception, ont souvent contribué à compliquer des controverses déjà existantes, ne serait-ce pas une incontestable amélioration ?

En attendant, les seuls documents dont la lumière puisse nous guider à travers tout un dédale de prétentions difficiles à concilier sont contenus dans six articles du Code civil et dans quatre lois. Aussi, comme le disait M. Daviel, « les intérêts se sont trouvés à la gêne dans le cadre étroit que le législateur de 1804 avait tracé en quelques articles à ce sujet si fécond, et le mouvement social a forcé la jurisprudence à l'élargir. » — « Tout le monde, ajoute M. Adolphe Chauveau, reconnaît qu'il n'existe pas de législation sur les eaux. A peine quelques instructions, quelques circulaires, une doctrine incertaine, une jurisprudence arbitraire, tels sont les seuls éléments qu'il soit possible de consulter pour tenter une codification. »

Nous nous efforcerons d'ailleurs de nous maintenir dans le cadre qui nous est tracé par les articles 640 à 645 du Code civil. Le législateur ne s'est pas occupé dans ces articles de ces grands cours d'eau navigables ou flottables qui sont destinés à rendre d'immenses services, comme voies de communication et moyens de transport, à l'agriculture, au commerce et à l'industrie. L'Etat représentant les intérêts de la nation entière, s'est sagement réservé la propriété de ces cours d'eau ; en effet il ne pouvait les laisser à la merci des propriétaires dont ils traversent les terres, et qui, dans leur intérêt et par des travaux mal entendus eussent pu porter les atteintes les plus graves aux propriétés voisines, à l'agriculture de toute une contrée, aux intérêts plus importants encore du pays entier.

Le législateur ne s'est au contraire occupé dans les articles 640 à 645 que de l'obligation qui incombe à tout propriétaire de recevoir sur son fonds les eaux qui découlent des fonds supérieurs ; il a aussi indiqué les différents droits et obligations de celui qui a une source dans son fonds et de ceux dont la propriété est bordée ou traversée par un cours d'eau non navigable ni flottable.

Si l'on prenait à la lettre le sommaire du chapitre premier sous lequel sont placés nos articles, ces obligations diverses ne seraient rien autre chose que des servitudes naturelles, des *servitudes dérivant de la situation des lieux.*

On a fort justement critiqué cette classification en disant que ce n'étaient pas là de vraies servitudes. En effet le mot *servitude* implique l'idée d'une exception à la règle générale, d'une dérogation contraire au droit commun ; or les différentes charges de la propriété établies par nos articles sous le nom de servitudes naturelles, étant imposées à tous les fonds indistinctement, ou au moins à tous ceux qui se trouvent dans une situation déterminée, forment le droit commun de la propriété française. « Cela est si vrai, ajoute M. Demolombe, que l'héritage qui, par une convention, ou autrement, sortirait de ces règles communes, et qui perdrait l'un des attributs qui en résultent, se trouverait au contraire constitué par cela même en état de servitude; donc ces règles-là ne forment pas elles-mêmes des servitudes, car l'extinction d'une servitude proprement dite ne fait que replacer les deux fonds dans les limites du droit commun ; en affranchissant l'un, elle n'asservit pas l'autre. »

Quoi qu'il en soit, et à part cette critique, nous nous trouvons en présence de charges qui grèvent la propriété. Pour en faciliter l'étude, nous nous proposons de diviser notre sujet en cinq chapitres. Nous verrons en *premier* lieu l'obligation imposée aux fonds inférieurs de recevoir les eaux qui découlent naturellement des fonds supérieurs. Un *deuxième* chapitre traitera des droits de celui sur le fonds duquel naît une source et des restrictions apportées à sa propriété. Le chapitre *trois* s'occupera des droits et obligations des propriétaires dont les fonds sont bordés ou traversés par une eau courante, ainsi que des conditions et des limites du pouvoir réglementaire des tribunaux en matière de cours d'eau. Le chapitre *quatre* renfermera l'explication des lois du 29 avril 1845 sur les irrigations, et du 11 juillet 1847 sur le droit d'appui. Enfin dans un *cinquième* et dernier chapitre, nous étudierons les lois des 10 juin 1854 et 17 juillet 1856 sur le drainage.

CHAPITRE I.

DE L'OBLIGATION, POUR LES FONDS INFÉRIEURS, DE RECEVOIR LES EAUX QUI DÉCOULENT NATURELLEMENT DES FONDS SUPÉRIEURS.

L'article 640 est ainsi conçu : « Les fonds inférieurs sont assujettis envers ceux qui sont plus élevés, à recevoir les eaux qui en découlent naturellement, sans que la main de l'homme y ait contribué. — Le propriétaire inférieur ne peut point élever de digue qui empêche cet écoulement. — Le propriétaire supérieur ne peut rien faire qui aggrave la servitude du fonds inférieur ».

Sur cet article, nous nous proposons d'examiner deux questions :

1° A quelles eaux s'applique l'article 640?

2° Quels sont les droits et les obligations réciproques de chacun des propriétaires supérieur et inférieur?

§ I.

Nous nous demandons d'abord quelles sont les eaux dont le propriétaire inférieur est forcé de recevoir l'écoulement. D'après les termes mêmes de l'article 640, ce sont celles qui découlent *naturellement* des fonds plus élevés, sans que la main de l'homme y ait contribué.

« Si aux termes de l'article 640, dit un arrêt de la cour de Rennes, le propriétaire du fonds inférieur est assujetti à recevoir les eaux qui découlent du fonds supérieur, c'est à la condition qu'il s'agisse *d'eaux naturelles*: les dispositions de cet article cessent de recevoir leur application lorsqu'il est établi que l'état des lieux a été modifié, et que ces changements, faits en partie par le propriétaire du fonds supérieur, ont mis obstacle au cours ancien des eaux (1) ».

Voilà la règle. Notre article s'applique donc aux eaux pluviales, à celles provenant de la fonte des neiges, à celles découlant des fonds par infiltration et enfin aux eaux de source. Mais le propriétaire inférieur n'est pas tenu de recevoir les eaux que le propriétaire supérieur tirerait d'un puits ou d'un réservoir quelconque, citerne, mare, égout, etc.; il en est de même des eaux ménagères et de celles provenant d'une fabrique ou d'une industrie quelconque, telle que teinturerie, tannerie. Il faut, en un mot, que la main de l'homme soit complètement étrangère à l'écoulement (2).

Que décider dans le cas où, à la suite de fouilles pratiquées dans le fonds supérieur, le propriétaire fait jaillir une source nouvelle? Celui-ci pourra-t-il, sans titre et uniquement en vertu de l'article 640, envoyer l'eau sur le fonds inférieur?

M. Pardessus (3) distingue entre le cas où la source aura ap-

(1) Rennes, 16 novembre 1864, *Recueil des arrêts de la cour de Rennes*, 1862-65, p. 459.

(2) « L'obligation imposée à tout propriétaire inférieur de recevoir les eaux qui s'écoulent naturellement de l'héritage supérieur, ne comprend ni les eaux ménagères, ni l'égout des toits, encore que le propriétaire supérieur prétende qu'il reçoit lui-même ces eaux d'un fonds supérieur au sien. » (*Cass. req.*, 15 *mars* 1880. J. P., 1881, p. 264). — Cet arrêt de la Cour de cassation posait très-nettement une règle à laquelle ne paraît pas s'être conformé un arrêt plus récent de la Cour de Rennes, décidant que: « Le propriétaire d'un fonds supérieur primitivement non bâti, sur lequel on a élevé des constructions, a le droit d'envoyer ses eaux pluviales et les eaux amassées dans sa cour, en fait, ses eaux ménagères, sur le fonds inférieur, de façon à empêcher celui-ci de se clore, s'il n'a, au préalable, assuré le libre écoulement de l'eau. » *Rennes*, 24 *janvier* 1870.)

(3) Pardessus, t. I, N° 83.

paru par un événement fortuit, par exemple, en creusant une cave ou des fondations, et celui où elle aura été trouvée à la suite de recherches ou forages, pratiqués dans ce but. Dans le premier cas, le fonds inférieur devrait supporter sans indemnité l'écoulement de ces eaux; car le fait de l'eau apparaissant d'une façon tout à fait accidentelle est un événement aussi indépendant de la volonté du propriétaire supérieur que du propriétaire inférieur; il y a donc bien ici écoulement naturel dans le sens de l'article 640. Dans le deuxième cas, au contraire, lorsque les fouilles ont eu pour objet direct la recherche de l'eau, l'article 640 ne serait plus applicable, car son texte est formel et rigoureux; le propriétaire inférieur n'est assujetti à recevoir les eaux des fonds plus élevés qu'autant qu'elles découlent naturellement et sans que la main de l'homme y ait contribué. Or, dans notre hypothèse, il y a au contraire un fait de l'homme parfaitement caractérisé; l'intervention du propriétaire supérieur est ici directe et volontaire; l'écoulement ne pourrait donc plus être considéré comme naturel, et par suite les fonds inférieurs cesseraient d'y être astreints.

MM. Daviel et Demolombe (1) repoussent cette distinction et décident, avec juste raison, selon nous, qu'en aucun cas le propriétaire inférieur ne peut être tenu de supporter l'écoulement des eaux que le propriétaire supérieur aurait fait jaillir volontairement ou non. L'article 640 prend soin de spécifier, par deux fois, avec des expressions significatives et différentes, de façon à ce qu'aucune équivoque ne puisse naître, de quelle nature sera l'écoulement pouvant donner naissance à la servitude. Il faut qu'il soit *naturel*, et que *la main de l'homme n'y ait pas contribué*. Or, dans le cas de la découverte d'une source à la suite de fouilles ou de forages entrepris

(1) Daviel, t. III, N° 901. — Demolombe, *Servitudes*, t. I, N° 26. — Duranton, t. V, N° 166. — Marcadé, art. 640, N° 2. — Duvergier sur Toullier, t. III, N° 509, note 1. — Cass., 6 janvier 1834; D. P., 1834, I, 75. — M. Mourlon n'admet pas non plus de distinction; il pense que si le propriétaire de la source artésienne ne parvient pas à la contenir chez lui dans un réservoir, à la faire perdre dans le sol ou sur la voie publique, les propriétaires des fonds inférieurs *peuvent exiger que la source soit comblée*, ou tout au moins réclamer une indemnité pour le dommage qu'ils éprouvent (*Répét. sur C. N.*, N° 1668).

dans un but quelconque, alors même que la recherche de l'eau n'en était pas l'objet direct, il y aura toujours un écoulement qui ne sera plus naturel et auquel la main de l'homme aura incontestablement contribué.

On objecte que le propriétaire supérieur a usé de son droit, et qu'il était libre de faire sur son fonds les travaux qu'il y a faits. Sans doute, mais à la condition qu'il n'en résulterait pas de dommages pour la propriété d'autrui. *In suo hactenus facere licet, quatenus nihil immittat in alienum* (1).

Ajoutons enfin qu'en admettant la distinction proposée, on se jetterait dans d'inextricables difficultés, pour savoir dans quel but et avec quelle intention les travaux auraient été exécutés par le propriétaire supérieur.

Concluons donc avec M. Demolombe que le propriétaire supérieur devrait retenir chez lui les eaux de la source nouvelle ou du puits artésien nouvellement creusé, ou les perdre de quelque manière que ce soit. Avant la loi du 29 avril 1845, la plupart des auteurs, pour remédier à la sévérité de la loi, admettaient que par application de l'article 682, le propriétaire de cette source pouvait obtenir l'écoulement de ses eaux à titre de servitude, de même que le propriétaire d'un fonds enclavé peut obtenir le passage pour parvenir à son fonds. Ce tempérament n'est plus nécessaire aujourd'hui; le propriétaire de la source invoquera l'article 3 de la loi de 1845 pour procurer un écoulement aux eaux qui lui seront inutiles (2).

Le même raisonnement nous servirait à repousser la prétention du propriétaire supérieur qui, après avoir transformé son champ

(1) L. 8, § 5, *si servit. vind.*

(2) « Tout propriétaire qui voudra se servir, pour l'irrigation de ses propriétés, des eaux naturelles et artificielles, dont il a le droit de disposer, pourra obtenir le passage de ces eaux sur les fonds intermédiaires à la charge d'une juste et préalable indemnité. » — « La même faculté de passage sur les fonds intermédiaires pourra être accordée au propriétaire d'un terrain submergé en tout ou en partie, à l'effet de procurer aux eaux nuisibles leur écoulement. » *Art.* 1 *et* 3, *l.* 29 *avril* 1845.

en étang voudrait, s'appuyant sur l'article 640, faire couler les eaux de cet étang sur les fonds inférieurs. Sans doute tout propriétaire a le droit d'améliorer son champ, de modifier sa culture; mais il ne peut pas le transformer du tout au tout, en faire, par exemple, un cours d'eau, et cela est si vrai, qu'il ne pourrait pas, nous l'avons vu, y creuser un puits artésien. Or, l'effet que produirait l'étang sur le fonds inférieur serait le même que le puits artésien.

Mais il n'en est ainsi que pour les étangs qui sont établis par des ouvrages faits de main d'homme. Quant à ces étangs naturels qui se forment par l'effet des pluies et la fonte des neiges, s'ils viennent à déborder, comme il n'y a ici aucun fait de l'homme, mais seulement un accident résultant de la situation naturelle des lieux, les fonds voisins seront assujettis à recevoir ces eaux. *Exundante palude... si ea palus aqua pluvia amplietur* (1). Toutefois, le propriétaire inférieur serait parfaitement dans son droit en faisant des travaux pour se garantir de ces eaux, pourvu que les travaux n'aient pas pour résultat d'opérer un reflux de nature à nuire soit aux fonds supérieurs au marais, soit à ceux qui seraient placés latéralement.

L'article 640 qui assujettit les fonds inférieurs à recevoir les eaux découlant *naturellement* des fonds plus élevés, ne s'applique ni aux inondations, ni aux débordements de rivières, ni aux eaux torrentielles. Non pas que les propriétaires dont les héritages sont bordés ou traversés par ces rivières ou ces torrents, ne soient point tenus de laisser à l'eau son cours naturel, *fluminis naturalem cursum non avertere* (2). Telle n'est pas la pensée qui a dicté cette restriction. Cela signifie que le propriétaire inférieur pourra toujours se garantir contre ces sortes d'eaux par des digues, des chaussées, des murs et autres ouvrages établis sur le bord de la rive ou dans l'intérieur de son héritage. *Ripam suam adversus rapidi amnis*

(1) L. 1, § 2, *de aqua et aquæ.*

(2) L. 1, Cod. *de alluvionibus.*

impetum munire prohibitum non est (1). De tels ouvrages ne sont pas réputés entraver le cours naturel de l'eau; ce sont seulement des moyens de défense qu'emploie un propriétaire diligent pour se garantir contre les périls auxquels sa situation l'expose. Peu importe si ces endiguements, en rejetant l'eau sur les terrains voisins, les inondent : c'est aux propriétaires à imiter son exemple et à se préserver à leur tour par de semblables travaux de défense. « C'est, dit M. Demolombe, un cas de force majeure, dont chacun de son côté a le droit de chercher à se garantir, comme on peut, par le droit naturel, se garantir des incursions de l'ennemi sans s'occuper du sort de son voisin qui n'aurait pas la même prévoyance (2). »

§ II.

Examinons maintenant quels sont les droits et obligations réciproques des propriétaires supérieur et inférieur.

Et d'abord, en ce qui concerne les obligations du propriétaire inférieur, elles consistent à recevoir toutes les eaux qui découlent naturellement du fonds supérieur. D'où trois conséquences :

1° Il doit recevoir le sable, le gravier et autres molécules entraînés par les eaux ;

2° Il ne peut réclamer pour ce fait aucune indemnité au proprié-

(1) L. 1, Cod. *de alluvionibus*.

(2) Demolombe, *Servitudes*, t. I, N° 30. — Pardessus, t. I, N° 92. — Duranton, t. V., N° 162. — Daviel, t. I, N° 334, t. II, N°s 697 et 698. — « L'article 640 qui assujettit les fonds inférieurs à recevoir les eaux découlant naturellement des fonds plus élevés, *ne s'applique pas à celles qui proviennent du débordement des fleuves ou rivières*. Chaque propriétaire a le droit de construire des digues ou autres ouvrages pour se garantir de ces inondations, lors même qu'il aggraverait par là les dommages qu'elles peuvent causer aux propriétaires voisins (Aix, 19 mai 1813. D. P., 1814, II, 18). » — « *L'article* 640 *ne s'applique point aux cours d'eaux torrentielles*. Ainsi, les propriétaires inférieurs ont le droit de construire des digues ou des barrages pour se préserver de l'inondation d'un torrent, bien que ces travaux fassent refluer les eaux d'une manière préjudiciable aux voisins (Chambéry, 14 août 1868. D. P., 1868, I, 246). »

taire supérieur, quelque dommage qui puisse en résulter pour lui. « Quand même cet écoulement nuirait aux plantations de l'héritage inférieur, empêcherait la culture par l'éboulement de roches, de sables ou de terres, il n'y aurait lieu à aucune action en dommages et intérêts ; nul n'est responsable des effets de la nature (1). »

3° Il ne peut exécuter aucun travail ni élever aucune digue de nature à empêcher le libre écoulement des eaux ; cela résulte du deuxième alinéa de l'article 640. Le propriétaire du fonds supérieur aura toujours le droit d'exiger la suppression des ouvrages construits sur son fonds et qui feraient obstable à l'écoulement de l'eau.

M. Pardessus pense même que dans le cas où une cause accidentelle a comblé le fossé dans lequel les eaux coulent sur le fonds du propriétaire inférieur, celui-ci est tenu de le curer (2). Mais c'est en vain qu'il invoque la loi du 14 floréal an XI : cette loi met à la charge des riverains le curage des rivières non navigables, et ne peut dès lors, en aucun cas, s'appliquer à notre article, exclusivement consacré aux eaux pluviales et aux eaux de source. D'autant plus qu'il n'y a aucun motif pour cela. Si la loi du 14 floréal impose cette obligation aux riverains, c'est que tous ont un droit égal à l'usage des eaux, et dès lors, comme l'utilité en est commune à tous, ainsi que les avantages, par exemple la pêche, le curage des petites rivières est mis à la charge de tous. Mais dans l'espèce actuelle le curage se trouve avoir une cause toute différente. Le propriétaire inférieur ne sera donc jamais tenu à une semblable obligation. La servitude de son fonds consiste non à agir, mais à souffrir et à ne point faire. *Servitus in omittendo consistit, non in faciendo* (3).

(1) Pardessus, *servitudes*, t. I, N° 82. — *Sic* l. 1, § 1, *de aqua et aquæ*. — Cœpolla, *tract.* 2, *cap.* 4, N° 71.

(2) Pardessus, t. I, N° 92. — Garnier, N° 118.

(3) Demolombe, t. I, N° 33. — Duranton, t. V, N° 161. — Daviel, t. III, N°s 728 et 762. — Proudhon, t. IV, N° 1327. — Aubry et Rau, t. II, § 240, p. 489. — Dans sa dernière édition, M. Pardessus lui-même s'est rangé à la doctrine contraire à celle qu'il avait primitivement soutenue, dans une note insérée à la fin de son second volume (note B, t. II, p. 362).

A l'appui de cette opinion on invoque généralement l'article 698, qui met formellement à la charge du propriétaire du fonds dominant les ouvrages nécessaires à l'exercice de la servitude. Mais quoique cet argument soit très-puissant, ce n'est pourtant, comme le fait observer M. Demolombe, qu'un argument d'analogie, car, nous l'avons vu, les servitudes dites naturelles constituent en réalité des obligations de voisinage auxquelles il ne serait pas toujours sûr d'appliquer les règles concernant les servitudes véritables, établies par le fait de l'homme.

L'article 640 lui-même nous fournit d'ailleurs un argument plus solide. Il établit d'une manière complète les relations entre propriétaires supérieur et inferieur. S'il avait voulu obliger le propriétaire inférieur à faire lui-même le curage du fossé par où l'eau s'écoule, il l'aurait dit. Il ne l'a pas fait, donc le propriétaire inférieur n'est pas forcé d'exécuter un semblable travail.

Cela est si vrai que l'article 3 de la loi du 20 avril 1845 n'aurait plus sa raison d'être dans l'opinion contraire. Cet article permet au propriétaire d'un terrain submergé en tout ou en partie d'obtenir passage sur le fonds inférieur et d'y faire les travaux nécessaires pour procurer aux eaux nuisibles leur écoulement; or jamais le fonds supérieur ne serait submergé, jamais le propriétaire n'aurait besoin d'invoquer l'article 3, s'il pouvait forcer le propriétaire inférieur à accomplir lui-même les travaux nécessaires à l'écoulement des eaux.

Il en serait autrement si l'encombrement provenait du fait du propriétaire inférieur, auquel cas il devrait faire tout ce qui est nécessaire pour assurer l'écoulement des eaux. Dans tous les autres cas, il ne sera tenu qu'à souffrir l'entrée du propriétaire supérieur sur son fonds, le passage de ses ouvriers, le dépôt des matériaux; et le curage aura lieu aux frais de ce dernier.

Nous venons de voir quelles sont les obligations du propriétaire inférieur; demandons-nous maintenant quels sont ses droits. Ce sont les droits de tous les propriétaires ordinaires. Il peut cultiver son fonds, le transformer; il peut se servir des eaux qui arrivent chez lui ; mais il ne peut pas les corrompre, et il doit les rendre aux autres fonds inférieurs dans leur pureté naturelle (1).

Quant au propriétaire supérieur, il doit laisser les eaux suivre leur cours normal ; l'article 640 lui défend de faire tout ce qui pourrait aggraver la servitude du fonds inférieur. Il ne peut donc pas imprimer aux eaux un courant plus rapide, ni en rendre la chute plus élevée ; il ne peut pas non plus réunir à la sortie de son fonds et d'une manière dommageable des eaux, qui auparavant s'échappaient en minces filets ou par infiltrations, pour les jeter en une seule masse sur le fonds inférieur (2).

A plus forte raison ne pourrait-il pas les diriger vers un fond où la pente des lieux ne les conduisait pas, car on ne peut être grevé malgré soi d'une servitude qui n'est pas constituée par la loi (3).

Chaque fois que le propriétaire inférieur aura à se plaindre d'une aggravation dans la servitude, ce sera à lui de l'établir, notamment dans le cas où il prétendrait qu'il est intervenu, sur le fonds supérieur, un changement dans le cours naturel de l'eau, sans qu'il ait à prouver cette fois que ce changement lui a été dommageable (4). Si les changements dont il se plaint et dont la conséquence serait une aggravation de la servitude, sont antérieurs à trente ans, son

(1) Rouen, Sirey, 1845, II, 337.

(2) Cass., 27 février 1855. D. P., 1855, I, 405. — Bourges, 26 mai 1847.

(3) Il paraîtrait que le projet de Code rural propose, par son article 133, d'ajouter, ainsi que cela s'est fait pour la loi sur les irrigations, une servitude nouvelle à l'article 640. Tout propriétaire qui serait dans l'intention d'assainir son fonds pourra, moyennant une indemnité, en conduire les eaux à ciel ouvert ou souterrainement à travers les propriétés séparatives. Il sera permis aux fonds inférieurs de se servir de l'eau, soit même des travaux d'assainissement du propriétaire supérieur, à la charge de payer une part proportionnelle dans la valeur des travaux et de contribuer à leur entretien.

(4) « Des eaux qui coulent naturellement d'un fonds supérieur sur un fonds inférieur, doivent être considérées comme devenues artificielles lorsque, par suite de l'établissement d'aqueducs ou de canaux, leur pente naturelle se trouve modifiée. La servitude étant en ce cas aggravée, le propriétaire inférieur n'est plus tenu de les recevoir. Il aura à prouver, dans ce cas, que des travaux ont été exécutés sur le fonds supérieur, et qu'ils ont eu pour effet de modifier la direction naturelle des eaux. » (Cass., 11 décembre 1860. D. P., 1861, I, 14.)

action ne sera plus accueillie, parce que l'on considère alors l'état présent comme constituant la situation naturelle des lieux. *Vetustas semper pro lege habetur* (1). Si les changements remontent à moins de trente ans, il y aura lieu de rechercher par tous les moyens de preuve, par expertise et par enquête, quel était l'ancien état dont on demande le rétablissement.

De même que les eaux doivent s'écouler naturellement du fonds supérieur, elles doivent aussi conserver leur état naturel. Si le propriétaire les altérait, s'il les corrompait, en les appliquant à l'industrie, en les employant notamment au rouissage du chanvre, à l'usage d'un lavoir public, au lavage du fer, etc., ne laissant couler sur les fonds inférieurs que des eaux malsaines, nuisibles à l'agriculture, les propriétaires de ces fonds pourraient élever des réclamations et se refuser à leur écoulement ou demander une indemnité. En effet, si le législateur les force à recevoir les eaux, il leur concède comme dédommagement le droit de s'en servir au passage dans leurs propriétés pour l'irrigation de leurs terres ou les autres usages que réclame l'intérêt de l'agriculture ou de l'industrie. Cette masse qui forme la communauté négative a échappé à la puissance du propriétaire supérieur, il ne peut réclamer sur elle aucun droit, puisqu'il l'a abandonnée : il doit respecter les droits que le législateur accorde à ceux dont elle traverse les héritages, et ne pas aggraver une servitude établie en sa faveur. *Sic utere tuo ut alienum non lædas* (2).

La règle posée par l'article 640, et d'après laquelle le propriétaire supérieur ne peut faire aucun ouvrage qui change l'état naturel des lieux, n'empêche pas cependant celui-ci de faire les travaux nécessaires ou même seulement utiles pour la culture de son

(1) « Par cours ordinaire de l'eau, l'article 644 n'a pas entendu parler du cours naturel, mais bien de celui qu'il est dans l'usage de parcourir depuis longtemps, lors même qu'il aurait été formé par main d'homme et substitué au premier qui aurait cessé d'exister. » (Cass., 20 février 1839. D. P., 1839, I, 104.)

(2) Rouen, 18 mars 1839. — Rouen, 8 juin 1844. D. P., 1845, II, 168. — Cass., Sirey, 1861, I, 688.

héritage, pratiquer par exemple des sillons et des rigoles. C'est ainsi qu'il peut changer le mode d'exploitation, faire d'une terre labourable un vignoble ou un pré, lors même qu'il en résulterait, dans l'écoulement des eaux, une certaine aggravation pour les fonds inférieurs. Le droit de propriété et l'intérêt général de l'agriculture permettent de donner cette interprétation extensive à l'article 640 : « De ce qu'il est exigé que la main de l'homme n'ait pas contribué à l'écoulement, dit M. Pardessus (1), il ne faudrait pas en conclure que le fonds supérieur doive être abandonné à une stérilité perpétuelle, ou que le propriétaire ne puisse en varier l'exploitation, parce que cette culture nouvelle apporterait quelque changement au mode d'écoulement des eaux. La culture est l'état naturel des fonds. La loi ne prohibe que l'immission dans l'héritage inférieur des eaux qui n'y seraient jamais tombées par la disposition du terrain (2), elle n'a voulu ni pu refuser au propriétaire supérieur le droit d'aider et de diriger l'écoulement naturel. » Ces principes sont justes; mais il ne faudrait pas trop en étendre l'application. Ce sont les tribunaux qui, par analogie de l'article 645, doivent apprécier la question de préjudice; ils ont à concilier les intérêts de l'agriculture avec le respect dû à la propriété. Ils devraient donc ordonner que les eaux soient rendues à leur cours naturel, si le propriétaire inférieur éprouvait un préjudice notable par suite des nouvelles dispositions prises par le propriétaire supérieur.

A ce point de vue, que se passe-t-il dans nos campagnes? Le cultivateur, dont le champ est plus élevé, trace des sillons, dits *raies d'écoulement*, pour la transmission des eaux sur le fonds inférieur. Le propriétaire de cet héritage fait de pareilles raies pour renvoyer les eaux à un autre fonds, jusqu'à ce que ces eaux se perdent sans nuire à la culture. Cette espèce de drainage superficiel s'applique aux champs couverts de grains d'hiver. Pour faciliter la déperdition des eaux, chaque propriétaire pratique dans son

(1) Pardessus, *Servitudes*, t. I, p. 201.

(2) Dig., l. 1, § 2 et 4, *de aqua et aquæ*.

champ, à dix mètres de l'héritage voisin, un sillon unique auquel tous les autres viennent aboutir. Ce sillon se termine lui-même par une courbe qui ménage la force des eaux réunies, afin de ne pas causer de dégradation à la propriété inférieure.

Lorsque l'un des propriétaires, quel qu'il soit, supérieur ou inférieur, a fait un acte contraire à l'article 640, l'autre propriétaire peut agir contre lui, soit au pétitoire, soit même au possessoire, pourvu qu'il exerce cette dernière action dans l'année du trouble. Dans tous les cas l'auteur d'une pareille entreprise peut-être condamné non-seulement au rétablissement des lieux dans leur état primitif et à des dommages intérêts, mais même, suivant les cas, à une amende, en vertu de l'article 15, titre II de la loi du 28 septembre 1791 et de l'article 457 du Code pénal.

Ce ne serait régulièrement qu'après le laps de trente ans que celui des propriétaires qui aurait laissé faire par l'autre un ouvrage nuisible, serait non recevable à en demander la destruction, à moins qu'il ne fût démontré en fait qu'il a positivement consenti à l'établissement définitif de cet ouvrage. Et dans ce dernier cas, il faudrait qu'il eût consenti en connaissance de cause. Si en effet, il résulte des circonstances la preuve que le propriétaire voisin ait consenti à l'exécution des travaux, si même il est établi qu'il en ait dirigé la construction, qu'il y ait pris une part active, dans ce cas il faut lui refuser l'action, car son consentement ne peut être mis en doute (1).

Constatons en terminant que l'article 640 ne considère les eaux que relativement à l'inconvénient qui peut résulter de leur passage; il impose un assujétissement aux fonds inférieurs, il ne leur accorde pas un droit. Aussi tout propriétaire peut-il retenir sur son fonds ses eaux pluviales et les employer à son usage, quand même il les aurait laissées couler sur le fonds inférieur pendant très-longtemps, pourvu que le propriétaire de cet héritage n'ait acquis aucun droit sur ces eaux. En sens inverse, le propriétaire supérieur qui aurait, pendant plus de trente ans, retenu les eaux plu-

(1) Demolombe, *Servitudes*, t, I, N° 48.

viales tombant sur son fonds, ou les eaux d'une source qui y prend naissance, n'en serait pas moins fondé ensuite à les laisser couler de nouveau, suivant leur pente naturelle, sur les fonds inférieurs. Il n'y a dans ces deux cas qu'un acte de pure faculté qui aux termes de l'article 2232 du Code civil ne peut engendrer de prescription (1).

(1) Le projet du code rural modifie ainsi les articles 640 et 645 du code civil : « Tout propriétaire a le droit d'user et de disposer des eaux pluviales qui tombent sur son fonds, ainsi que des sources qui y naissent. — Si l'usage des eaux ou la direction qui leur est donnée aggrave la servitude naturelle d'écoulement établie par l'article précédent (art. 640), une indemnité est due au propriétaire du fonds inférieur. — Lorsque, par des sondages ou par des travaux souterrains, un propriétaire fait jaillir des eaux dans son fonds, les propriétaires des fonds inférieurs doivent les recevoir; et ils ont droit à une indemnité en cas de dommage résultant de leur écoulement. — Les maisons, cours, jardins, parcs et enclos attenant aux habitations ne peuvent être assujettis à aucune aggravation de la servitude d'écoulement, dans les cas prévus par le précédent article. » — « Les contestations auxquelles peuvent donner lieu l'établissement et l'exercice des servitudes prévues par les articles précédents, et le réglement, s'il y a lieu, des indemnités dues aux propriétaires des fonds inférieurs, sont portés en premier ressort devant le Juge-de-Paix du canton, qui, en prononçant, doit concilier les intérêts de l'agriculture et de l'industrie avec le respect dû à la propriété. — S'il y a lieu à expertise, il ne peut être nommé qu'un seul expert. »

CHAPITRE II.

DES SOURCES.

Le mot *source* vient du vieux verbe français *sourdre*, qui signifie sortir de terre. On appelle source, l'endroit même où l'eau s'échappe du sol, ce que les Romains appellaient *caput aquæ* (1). Ajoutons que si l'eau est puisée à une fontaine, il y a présomption que la fontaine est la source même, *caput ipse aquæ fons*.

Les droits du propriétaire de la source sont ainsi définis par l'article 641 : *Celui qui a une source dans son fonds, peut en user à sa volonté* (2). A ce principe général qui domine toute la matière, nous verrons bientôt les articles 641 *in fine*, 642 et 643 apporter trois exceptions, dont nous aurons également à nous préoccuper.

Quoi qu'il en soit, l'article 641 n'édicte pas une disposition nouvelle. Ce n'est qu'une application d'un principe formulé en ces termes par l'article 552. La propriété du sol emporte la propriété

(1) *Caput aquæ illud est unde aqua oritur* (l. 1, § 8, *de aqua quotid.*) — *Caput aquæ, unde aqua nascitur et ubi primum emergit.*

(2) Celui qui a une source dans son fonds peut en user à sa volonté, sauf le droit que le propriétaire du fonds inférieur pourrait avoir acquis par titre ou par prescription (art. 641 Code Civil).

du dessus et du *dessous* (1). Fidèle à ce principe, la loi concède la propriété de la source à celui sur le fonds duquel elle prend naissance. Ce droit a été reconnu par toutes les législations ; le Droit Romain, les coutumes de l'ancienne France l'ont proclamé.

La source fait partie intégrante du fonds, tout comme la terre et les pierres qui constituent le sol, *portio enim agri videtur aqua viva* (2), disaient les jurisconsultes Romains. Ce n'est qu'un accessoire du sol ; *accessorium sequitur principale*. Dès lors, celui qui est propriétaire d'un champ est par cela même propriétaire de l'eau qui s'y trouve renfermée. Comme propriétaire, il peut en *disposer de la manière la plus absolue* : cela résulte des termes mêmes de l'article 544 (3).

« Une source, dit M. Nadault de Buffon (4), tant qu'elle continue à couler sur l'héritage où on la voit naître, en est une dépendance ; et le maître du terrain est, en même temps, le maître de la source dont il peut faire ce que bon lui semble pour son utilité ou son agrément, dont il peut, en un mot, user suivant son bon plaisir. La riveraineté n'existe pas encore ; elle ne commencera qu'à la sortie du fonds, alors que la source devenant une eau courante ordinaire, tombera sous le régime des articles 644 et 645 et des règlements administratifs. Son écoulement sur les fonds inférieurs constitue un fait naturel et nécessaire, incapable de diminuer en rien la liberté de la retenir.

(1) La propriété du sol emporte la propriété du dessus et du dessous. — Le propriétaire peut faire au-dessus toutes les plantations et constructions qu'il juge à propos, sauf les exceptions établies au titre des *servitudes ou services fonciers*. — Il peut faire au-dessous toutes les constructions et fouilles qu'il jugera à propos, et tirer de ces fouilles tous les produits qu'elles peuvent fournir, sauf les modifications résultant des lois et règlements de police. (Art. 552, C. civ.).

(2) L. 2, *quod vi aut clam*.

(3) La propriété est le droit de jouir et disposer des choses de la manière la plus absolue, pourvu qu'on n'en fasse pas un usage prohibé par la loi ou par les règlements. (Art. 544, C. civ.).

(4) *Traité des eaux de source et des eaux thermales*, par M. Henri Nadault de Buffon, N° 2, *in fine*.

Tels sont les principes qu'est venu consacrer l'article 641. De là deux conséquences :

Le propriétaire d'un fonds, dans lequel se trouve une source, *peut en user à sa volonté* (1), c'est-à-dire l'employer à tels usages que bon lui semble ; il peut, soit l'arrêter dans son cours, soit même la perdre, l'anéantir, *sans avoir à justifier d'un intérêt quelconque*. Il n'en était pas de même en droit romain, où l'on accordait l'action de dol aux propriétaires des fonds inférieurs pour contraindre le propriétaire de la source à la laisser à son cours naturel, quand il était établi qu'il la retenait sans utilité pour lui-même, et dans le but évident de nuire aux fonds inférieurs, *animo nocendi*, *non utilitatis causa*, disaient les jurisconsultes (2). Aussi certains commentateurs modernes, Proudhon à leur tête, s'appuyant sur cette disposition de la loi romaine, ont-ils soutenu que le législateur français avait entendu maintenir cette exception. L'article 641 lui-même, dans sa rédaction, contiendrait, suivant ces auteurs, la consécration de la doctrine romaine.

Cet article, dit M. Proudhon, (3), en faisant connaître que celui qui a une source dans son fonds peut en *user* à sa volonté, a bien entendu exprimer qu'il s'agit d'un droit de propriété défini, dont la nature et l'essence sont déterminées par l'expression employée pour le caractériser ; dès lors il comprend seulement l'*usage* de la chose, usage que l'on étendra aussi loin que l'on voudra, mais qui ne pourra jamais aller jusqu'à l'abus. Du droit de propriété comprenant le pouvoir d'user et d'abuser de la chose, *uti et abuti*, la loi n'a retenu que le droit d'*user*, ne voulant pas reconnaître au propriétaire de la source, — les termes mêmes de l'article en font foi, — le droit d'*abuser*.

Cette solution, ajoute-t-on, est d'ailleurs conforme à l'opinion émise par MM. Berlier, Tronchet et Malleville, lors de la discussion

(1) Art. 641, C. civil.

(2) L. 38, *de Rei vindicatione*. — L. 1, 11 et 12 *de aqua et aquæ pluviæ arcendæ*. — L'ancien Droit français avait paru adopter cette restriction ; du moins c'est ce qui résulte de certains arrêts rendus par les Parlements.

(3) Proudhon, *du Domaine public*, t. II, p. 220.

qui eut lieu au Conseil d'État. MM. Malleville et Berlier parlant sur l'article 5 du projet (aujourd'hui l'article 641), ont reconnu que la propriété des eaux était d'une espèce particulière, que la nature les avait destinées à l'usage de tous et que si celui dans le fonds duquel une fontaine surgit, a le droit de s'en servir le premier pour ses besoins, et préférablement à tous autres, ses besoins satisfaits, l'équité, l'intérêt public et la destination même de l'eau ne permettent pas qu'il en prive arbitrairement les autres propriétaires auxquels ces eaux peuvent être utiles. M. Tronchet, adoptant cette doctrine, disait aussi qu'il peut y avoir des raisons d'équité supérieure qui obligent de s'écarter de la règle générale, et que d'ailleurs l'article 7 (maintenant article 645) donne pour ce cas aux juges la plus grande latitude et leur permet de concilier les intérêts du propriétaire de la source avec ceux des propriétaires voisins (1).

Je n'hésite pas à repousser une doctrine qui, sous une apparence d'équité et de bon sens, n'en est pas moins en contradiction flagrante avec le texte et les principes. En d'autres termes, je crois que le propriétaire d'une source peut l'anéantir si bon lui semble, sans avoir à justifier d'un intérêt quelconque.

En faveur de cette opinion, j'invoque les articles 643 et 544 du Code civil, qui par leur combinaison corrigent ce qu'il pourrait y avoir d'un peu vague dans l'expression *peut en user* de l'article 641. L'article 643 attribue à celui qui a une source dans son fonds la qualité de *propriétaire de la source*; or, aux termes de l'article 544, la propriété consiste dans le *droit de jouir et de disposer des choses de la manière la plus absolue*, pourvu qu'il n'en soit pas fait un usage contraire aux lois. Celui qui a une source dans son fonds en a donc la propriété avec tous les avantages attachés à ce titre, avec le droit d'user et d'abuser de sa chose, sans être tenu de rendre aucun compte à personne.

C'est à tort que les partisans du premier système nous opposent les paroles prononcées par MM. Tronchet et autres au sein du Conseil d'Etat. Ces idées émises incidemment au cours de la discussion

(1) Locré, t. VIII, p. 335 et suiv.

restent personnelles à leurs auteurs, et ne sauraient prévaloir contr la loi elle-même, telle qu'elle a été rédigée. D'autant plus qu'elles se sont produites sur l'article 645, lequel s'occupe seulement des *eaux courantes*. Si l'on comprend la disposition de l'article 645 en ce qui concerne les eaux courantes, parce qu'en effet ces eaux n'appartiennent pas plus à tel qu'à tel autre riverain, et que chacun n'a que le droit de s'en servir selon ses besoins, l'article 645 ne se comprendrait plus du tout, en tant qu'il accorderait aux Tribunaux un certain pouvoir discrétionnaire relativement aux eaux de source sur lesquelles le propriétaire du sol qui les renferme à un droit de propriété absolue.

D'ailleurs les diverses opinions émises dans le Conseil d'État tant sur l'article 641 que sur l'article 645 n'aboutirent qu'à provoquer, de la part du consul Cambacérès, cette déclaration importante après laquelle la discussion fut close sans aucun changement dans les termes de notre article : « En se réglant par les principes, on ne peut mettre en question si une source est une propriété, et, par une suite nécessaire, on ne peut refuser au propriétaire le *droit d'en disposer à son gré*. L'écoulement des eaux par le fonds inférieur n'apporte pas de modification à ce droit. Hors le cas d'utilité publique, et lorsqu'il n'y a en jeu que l'intérêt des particuliers possédant les fonds inférieurs, rien ne peut plus balancer les droits du propriétaire (1). »

Voilà pour les textes et pour les travaux préparatoires; comme on le voit, ils ne sont pas favorables à la doctrine de M. Proudhon. Peut-elle au moins s'appuyer sur l'équité? Pas davantage. A quel titre en effet un voisin viendrait-il m'empêcher d'user de mon droit de propriété sur ma source? Il faudrait alors en arriver à reconnaître qu'il pourra me défendre d'y faire une construction, d'y abattre un arbre, sans autre raison que la gêne dont ce fait deviendrait pour lui la cause. Ne suis-je pas maître chez moi? Si ce que j'y puis faire dans la limite de mon droit cause au voisin un préjudice, ce sera par un événement en quelque sorte fortuit; peu im-

(1) Locré. t. VIII, p. 334 et suiv.

porte au reste l'intention dont il n'est guère tenu compte que dans l'application des lois pénales. *Non omne quod licet honestum est.*

Aussi la Cour de cassation, dans un arrêt très-fortement motivé de la Chambre civile en date du 29 janvier 1840 a-t-elle décidé que : — Le propriétaire du fonds où jaillit une source ne peut être privé du droit d'en user *à sa volonté*, sous le seul prétexte que les eaux sont *sans utilité* pour lui, et peuvent profiter au contraire au propriétaire du fonds inférieur qui en réclame l'usage (1).

La deuxième conséquence du principe que nous avons posé plus haut, c'est que le propriétaire du sol a le droit de faire sur son fonds toutes les fouilles qu'il juge nécessaires pour arriver à la découverte des eaux souterraines, alors même que les travaux auraient pour résultat de couper les veines d'eau qui alimentent la source du propriétaire voisin.

Telle était la solution de la loi romaine (2) et de notre ancienne jurisprudence (3). Aujourd'hui, dans le silence du code, elle se déduit tout naturellement de l'article 552, lequel reconnaît au propriétaire le droit de faire au-dessous de son fonds toutes les fouilles qu'il juge à propos. On pourrait même, s'il en était besoin, raisonner par *a fortiori* de l'article 641 et dire avec M. Demolombe, « que les eaux souterraines sont en quelque sorte bien plus encore la propriété de celui qui est allé les chercher dans les entrailles de la terre pour s'en emparer, que l'eau extérieure de la source, que la nature a mise à sa disposition, et pour laquelle il n'a eu à faire aucun acte de prise de possession (4). » En outre les eaux souterraines n'ayant jamais été l'objet d'aucune possession publique et

(1) Cass., 29 janvier 1840. D. P., 1840, I, 115. — Rouen, 18 septembre 1853, et, sur pourvoi, Cass., 22 mai 1854. J. P., 1854, I, 301.

(2) In domo mea puteum aperio, quo aperto venæ putei tui præscissæ sunt, an tenear? Ait Trebatius non teneri me damni infecti; neque enim existimari operis mei vitio demnum tibi dari in ea re, in qua jure meo usus sum (l. 24, § 12, *de damno infecto*. — L. 1, § 12, *de aqua*).

(3) Dunod, *des Prescriptions*, part. 1, ch. XII, p. 871.

(4) Demolombe, *des Servitudes*, I, N° 65.

extérieure, et le propriétaire du fonds dans lequel elles coulaient ayant ignoré qu'elles alimentaient la source ou le puits de son voisin, Cœpolla remarquait justement qu'il y a là une raison de plus encore pour qu'il n'ait pas pu perdre le droit d'en disposer sur son fonds (1).

Ici encore les jurisconsultes romains admettaient un tempérament pour le cas où les fouilles étaient faites dans l'intention de nuire, et accordaient l'action de dol contre le propriétaire d'un fonds qui par malveillance, et uniquement pour nuire à son voisin, coupait les veines qui alimentaient sa source (2). Cette restriction qui a passé dans notre ancien droit (3), doit être rejetée de nos jours pour les mêmes raisons qui nous ont fait rejeter une restriction analogue apportée également par la loi romaine dans le cas où un propriétaire détournait malicieusement l'eau de sa source. Ne serais-je pas fondé en effet à soutenir, comme le fait fort bien observer M. Troplong, « que cette source qui jusqu'alors a coulé chez vous, m'appartient plus qu'à vous-même, puisque la nature l'a fait couler dans mon fonds avant de la laisser arriver au vôtre, et que vous ne pouvez la posséder qu'à mon défaut. Il est certain que je ne fais rien dont vous ayez le droit de vous plaindre, en me servant de ce qui est à moi, et en vous privant de ce qui n'est pas encore à vous au moment où j'en fais usage (4). »

Toutefois il est une circonstance dans laquelle je me verrai privé du droit de pratiquer des fouilles sur mon fonds. C'est lorsque ma propriété sera voisine de sources d'eaux thermales, et dans le péri-

(1) Cœpolla, ch. IV, N° 57.

(2) L. 1, § 12, *de aqua et aquæ*. — L. 1, § 1, *de Dolo malo*. — L. 27, § 25, *de Lege Aquilia*. — L. 38, *de Rei vindicatione*. — L. 1, § 1, *de Extraord. crim.* — L. 12, *de Re militari*.

(3) Bretonnier sur Henrys, *Recueil d'Arrêts*, liv. IV, quest. 189. — Dubreuil, *Analyse de la législ. sur les eaux*, p. 53. — *Observations sur quelques coutumes de Provence*, p. 76. — Arrêts du Parlement d'Aix. — Boniface, t. IV, p. 691. — Bonnet, p. 805.

(4) Troplong, *de la Prescription*, t. I, N° 115. — Dans le même sens, Daviel, *des Cours d'eau*, t. II, N° 897.

mètre de protection determiné autour de chacune d'elles. Cette prohibition toute exceptionnelle s'explique par les grands services que ces eaux peuvent être appelées à rendre à la santé publique.

Il n'en a pourtant pas toujours été ainsi, et sous l'empire du Code, la jurisprudence reconnaissait aux propriétaires voisins le droit de faire des fouilles sur leur terre et de couper les veines qui alimentaient les sources thermales. De là un coup fatal porté à l'exploitation de ces sources. Des réclamations nombreuses étaient adressées à l'État, on lui représentait la situation déplorable de plusieurs établissements, où des fontaines avaient été détruites par des sondages opérés sur les propriétés voisines, au grand préjudice de l'intérêt public. Le Gouvernement s'émut d'un tel état de choses et présenta deux fois, en 1837 et en 1846, des projets de lois destinées à réglementer cette matière; mais ces projets furent toujours repoussés par les Chambres. En 1848, le Gouvernement provisoire, considérant que les sources d'eaux minérales constituent une richesse publique dont la conservation n'importe pas moins à l'humanité qu'à l'intérêt national, voulut prévenir les tentatives qui pourraient en compromettre l'existence. Il décréta le 10 mars 1848 qu'aucun sondage ou travail souterrain ne pourrait être pratiqué, sans l'autorisation préalable du préfet du département, dans un rayon de mille mètres autour de chacune des sources d'eaux minérales dont l'exploitation aurait été régulièrement autorisée.

Ce décret rendu d'urgence édictait une mesure tout à la fois excessive et insuffisante. Excessive en ce qu'elle grevait d'une manière générale et absolue les propriétés voisines d'un établissement thermal d'une servitude lourde, sans tenir compte de l'importance de la source, et alors que souvent la distance d'un kilomètre se trouvera exagérée. Insuffisante, parce que dans bien des circonstances les sources minérales peuvent être sérieusement endommagées par des travaux autres que les sondages et les excavations souterraines.

Le décret du 10 mars 1848 ne pouvait donc être considéré que comme une mesure provisoire; une loi du 14 juillet 1856 vint régler définitivement cette matière. Aux termes de l'article 1er de cette loi, la source doit être déclarée d'intérêt public par un décret délibéré en Conseil d'État. Le périmètre de protection n'est plus fixé d'une manière invariable, il varie suivant les circonstances et est déterminé pour chaque source, d'après la situation des lieux, par le préfet, sur la demande des intéressés. Les propriétaires des fonds compris dans ce périmètre ne peuvent faire ni sondages, ni fouilles, ni travaux souterrains d'aucune sorte, de nature à altérer ou diminuer la source, sans l'autorisation du préfet. Celui-ci peut même interdire momentanément tous travaux entrepris en dehors du rayon, s'ils sont pernicieux pour la source. Enfin cette servitude *non fodiendi* a lieu sans indemnité, et, sur ce point, la loi de 1856 ne fait que maintenir les dispositions du décret de 1848.

La règle que nous avons posée avec l'article 641 et d'après laquelle *le propriétaire d'une source peut en user à sa volonté* est soumise à deux catégories d'exceptions dont l'une se fonde sur un intérêt *privé* et l'autre sur un intérêt *public*.

En d'autres termes, le propriétaire d'une source ne peut pas en disposer à son gré :

1° Lorsque le propriétaire du fonds inférieur a acquis un droit à l'usage de l'eau de la source par titre, prescription ou destination du père de famille (art. 641, 642) ;

2° Lorsque cette eau est nécessaire aux habitants d'une commune, village ou hameau (art. 643).

§ Ier. — Du Titre.

Le droit absolu du propriétaire sur sa source cesse lorsque le propriétaire inférieur a acquis un droit sur la source en vertu d'un titre. Ce titre constitue alors une servitude conventionnelle, qui peut consister dans le droit qu'a le propriétaire inférieur soit de puiser de l'eau à la source, soit de dériver l'eau sur son fonds, soit de disposer des eaux d'une manière continue ou à certains jours déterminés ; ce ne sont là que les cas les plus ordinaires, car on sait que les servitudes peuvent varier à l'infini comme toutes les conventions.

Le titre est défini par M. Demolombe, la concession volontaire émanée du propriétaire de la source, soit entre vifs, à titre gratuit ou onéreux, soit par testament (1). Ce peut donc être un testament, une donation, une vente, un partage, un échange ; en un mot tout titre de nature à transférer la propriété est aussi un titre habile à la démembrer et à créer des servitudes. Il est d'ailleurs ici encore soumis aux règles qui lui sont propres et qu'il tient de sa nature. Ainsi les testaments et les donations entre vifs ne peuvent être faits que par écrit. A titre onéreux, au contraire, elles pourraient être établies sans acte écrit, par une convention purement verbale.

Remarquons que le titre doit nécessairement émaner du propriétaire de la source, parce qu'il est de toute évidence qu'on ne pourrait lui opposer un acte auquel il serait étranger, par exemple un arrangement intervenu entre les propriétaires inférieurs pour la distribution des eaux (2). M. Pardessus partage cet avis, à moins, ajoute-t-il, qu'un tel arrangement n'ait été fait ou homologué par l'autorité compétente, aux termes de l'article 645 (3). Nous n'hésitons pas à repousser cette restriction avec M. Daviel, qui fait justement observer que l'administration n'a pas le droit de priver le propriétaire de la source de la libre faculté qui lui appartient d'en disposer comme bon lui semble (4). Il ne faut voir là, ajoute M. Dumay, annotateur de Proudhon (5), que des autorisations administratives données, *sauf le droit des tiers*, seulement en considération de l'intérêt général et dans les limites du droit de police,

(1) Demolombe, *des Servitudes*, t. I, N° 69.

(2) Garnier, t. III, N° 721.

(3) Pardessus, t. I, N° 93.

(4) Daviel, t. III, N° 769.

(5) Proudhon, *du Domaine public*, t. IV, p. 225.

apte uniquement à reconnaître si l'établissement peut ou non nuire à la société, mais inefficace pour disposer de la propriété privée.

A plus forte raison, ne pourrions-nous voir, comme M. Pardessus, un titre au profit du propriétaire du fonds inférieur dans la permission qui aurait été accordée par les anciens seigneurs, en vertu de leurs droits de propriété sur les rivières non navigables, d'établir un moulin ou une usine sur ce fonds (1), car s'ils avaient la police des eaux, ils ne pouvaient pas plus que l'administration actuelle qui leur a succédé sous ce rapport, exproprier d'une source le maître du fonds d'où elle jaillit, et qui toujours en a été considéré comme le maître absolu (2).

On ne saurait trop s'attacher à distinguer le titre dont parle l'article 641 et assurant au profit du propriétaire inférieur l'écoulement des eaux d'une source sur son fonds avec celui qui aurait pour but de forcer ce propriétaire inférieur à recevoir les eaux de la source, alors que la situation des lieux ne l'y obligeait pas. Ici en effet, ce n'est plus un droit que le propriétaire inférieur acquiert sur l'eau de la source, mais bien une charge, une servitude qui lui est imposée, le propriétaire de la source restant toujours libre d'en disposer à sa volonté.

§ II. De la destination du père de famille.

Elle peut se définir la disposition prise par un propriétaire sur un ou plusieurs héritages pour son utilité, sa commodité, son agrément. Tant que ces héritages restent entre les mains du même maître, les services que l'un d'eux tire de l'autre ne sont point des servitudes, ce n'est que le libre usage du droit de propriété. *Nemini res sua servit*. Mais si les deux héritages viennent à appartenir

(1) Pardessus, *des Servitudes*, t. I, Nos 94 et 95.

(2) Dumay, annotateur de Proudhon, *du Domaine public*, t. IV, p. 225.

à différents propriétaires, sans que, lors de la séparation des propriétes, il ait été rien stipulé de relatif à ces services, ils continuent de subsister; ils se changent en véritables servitudes en vertu de la destination du père de famille, qui vaut titre à l'égard des servitudes continues et apparentes.

L'article 641 n'indiquant que le titre et la prescription comme moyen d'acquérir un droit sur l'eau de la source, on s'est demandé si la destination du père de famille pouvait être invoquée par le propriétaire inférieur à l'encontre du propriétaire de la source. Cela ne nous paraît pas douteux, quoiqu'on ait voulu argumenter du silence de l'article 641 pour soutenir la thèse contraire. En effet, l'article 692 ne pose-t-il pas en règle générale que les servitudes continues et apparentes peuvent s'établir par la destination du père de famille ? Or un droit d'usage sur une source pourra toujours constituer une servitude continue et apparente; il ne peut s'élever là-dessus aucun doute en présence des termes par lesquels les articles 688 et 689 définissent les servitudes continues et apparentes (1). Dès lors et du moment que l'article 641 ne l'interdit pas, il y a lieu d'appliquer la règle générale formulée par l'article 692 et de décider que la destination du père de famille est applicable aux eaux de source comme en toute autre matière.

Si donc les deux héritages, celui où naît la source et celui qui en profite cessent d'appartenir à la même personne, ou, ce qui revient au même, si le fonds, sur lequel la source naît et prolonge son cours, vient à être morcelé, soit par suite d'une vente faite par le propriétaire, soit par suite d'un partage fait par ses enfants lors de son décès, l'état de choses existant au moment de la séparation, et que les parties ont réciproquemenf accepté, doit, en général, être maintenu.

(1) Les servitudes continues sont celles dont l'usage est ou peut être continuel, sans avoir besoin d'un fait actuel de l'homme, tels sont les *conduites d'eau*, les égouts, les vues et autres de cette espèce.... Les servitudes apparentes sont celles qui s'annoncent par des ouvrages extérieurs, tels qu'une porte, une fenêtre, un aqueduc. (Art. 688 et 689).

§ III. — De la prescription.

Le propriétaire de la source perd encore la faculté d'en user à sa volonté, lorsque le propriétaire inferieur a acquis sur elle un droit d'usage par la prescription.

La prescription est un mode d'acquérir basé sur la présomption que celui qui, depuis un laps de temps considérable, manifeste par une série d'actes accomplis au grand jour, son droit de propriété ou de jouissance, l'exerce sans contestation, en vertu d'une relation légitime. Le législateur suppose également que le propriétaire qui laisse pendant dix, vingt, trente ans un tiers, commettre une usurpation sur son terrain, abandonne ses droits, ou reconnaît qu'ils ne sont pas assez fondés pour les opposer à celui qui les nie ouvertement par sa possession. Toutes les législations ont consacré la prescription, toutes ont proclamé que les choses dans le commerce sont susceptibles d'être prescrites, l'exception n'est introduite qu'en faveur du domaine public.

Les eaux d'une source étant une richesse qui entre dans le patrimoine du citoyen, sont donc susceptibles d'être prescrites. Mais pour cela, il ne suffit pas que l'eau ait coulé pendant plus de trente ans sur le fonds inférieur par la pente naturelle du terrain. Il ne suffit même pas que le propriétaire de la source ait changé la direction naturelle du courant et l'ait dirigé pendant trente ans sur un fonds qui n'était pas tenu naturellement de supporter cette obligation. Le propriétaire inférieur ne peut se prévaloir de cette situation; car s'il a reçu ces eaux, c'était *jure servitutis non jure domini*; il reste donc propriétaire servant après comme avant. La jouissance de l'eau dans de telles conditions, quelque complète qu'elle soit, dérivera toujours d'un acte de pure faculté ou de tolérance, incapable de fonder une possession utile (art. 2229 et 2232).

Pour prescrire, il faut l'intervention du fait de l'homme comme le dit Cancerius (1), il faut une entreprise ostensible de la part du propriétaire inférieur, qui témoigne de son intention non équivoque d'acquérir sur la source une servitude active. C'est ce qu'exige en effet, l'article 642, lorsqu'il dit que la prescription ne commence à courir qu'à dater de l'achèvement d'*ouvrages apparents* par le propriétaire inférieur.

Telle est la première condition nécessaire pour prescrire. Déduisons-en immédiatement cette conséquence qu'on ne saurait prescrire au moyen d'ouvrages clandestins. Mais il ne faut pas pousser la chose trop loin : un canal, un aqueduc, des conduits ou travaux souterrains pratiqués avec certaines conditions de publicité, et présentant des signes extérieurs qui en révèlent l'existence à tous les yeux, tels que des regards, une ouverture, un soupirail, auront un caractère suffisant d'apparence.

La deuxième condition exigée par l'article 642, c'est que les travaux aient été faits *par le propriétaire inférieur dans le but de faciliter la chute et le cours de l'eau* dans sa propriété. S'ils avaient un autre objet, celui notamment de la garantir contre les ravages de l'eau, ils ne pourraient servir de base à une possession utile.

De même des ouvrages faits par le propriétaire de la source, alors même qu'ils auraient pour conséquence l'utilité du fonds inférieur, ne pourraient conduire à la prescription. Il pourrait bien résulter de ces travaux une servitude passive grevant le fonds inférieur, mais nullement une servitude active à son profit (2).

Quelquefois les propriétaires ne peuvent pas représenter de titre prouvant que les travaux ont été faits par l'un ou l'autre. Le pro-

(1) Estque ratio quia aqua naturaliter fluit et descendit in fundum inferiorem, et sic ipsa per se, cum sit res inanimata, non potest causare præscriptionem, aut consuetudinem, cum in præscriptione seu in consuetudine requiratur quod interveniat factum hominis (Jacobi Cancerii Domicelli Barbasti Clarissimi. Pars tertia, cap. IV, *de Servitutibus*, N° 242).

(2) Cass., 6 juillet 1825. — Cass., 15 avril 1845. S., 1845, I, 583. — Cass., 27 janvier 1845. D. P., 1845, I, 258. — Duranton, t. V, N° 179. — Pardessus, t. I, N° 101. — Demante, *Cours analytique*, t. II, N° 493 bis. — Demolombe, *des Servitudes*, t. I, N° 80.

priétaire supérieur soutient que les ouvrages sont dus au besoin qu'il avait de faire écouler les eaux de sa source, et qu'il en a dirigé et terminé l'exécution. Le propriétaire inférieur, au contraire, affirme que lui ou ses auteurs ont voulu faciliter la chute et le cours des eaux pour les dériver ensuite, et les faire servir à l'irrigation de l'héritage. La règle générale en pareil cas, dit M. Demolombe, nous paraît être que les ouvrages doivent être présumés avoir été faits par celui des propriétaires dans l'intérêt duquel ils sont établis ; c'est ici le cas d'appliquer le vieil adage : *Is fecit cui prodest.* L'intérêt est toujours le guide des actions humaines, du moins dans cet ordre de choses ; il est donc à présumer que les travaux doivent leur existence à celui qui en retire le plus grand avantage (1).

Il faut en outre que les travaux soient de leur nature *durables* et *permanents* ; un simple barrage fait au moyen de mottes de gazon, de branches d'arbre et autres objets plus ou moins mobiles ne suffirait pas.

Aussi M. Demolombe (2) repousse-t-il avec juste raison l'opinion de Daviel (3) et de Proudhon (4), d'après lesquels le curage fait par le propriétaire inférieur sur le fonds supérieur du canal, qui conduit les eaux de la source, pourrait dans certains cas présenter des caractères suffisants pour être considéré comme un ouvrage per-

(1) Cass., 25 août 1812. — Cass., 20 mai 1828. — Cass., 10 déc 1828. — Bourges, 11 juin 1828. — Cass., 12 avril 1830. — Cass., 5 juillet 1837. J. P., 1837, II, 246. — Cass., 15 avril 1845. J. P., 1845, II, 652. D. P. 1845, I, 258. — Montpellier, 20 mai 1846. J. P., 1846, II, 242. — Cass., 15 février 1854. D. P., 1854, I, 141. — Cass. civ., 19 nov. 1855. — Cass., 11 août 1856. D. P., 1856, I, 344. — Cass., 1er déc. 1856, D. P., 1856, I, 344. — Cass., 11 février 1857. D. P., 1857, I, 55. J. P., 1858, p. 257 — Henrion de Pansey, *Compétence des Juges-de-Paix*, ch. XXVI, § 4. — Caron, *Actions possessoires*, p. 88. — Duranton, t. V, N° 179. — Daviel, *Traité des Eaux*, t. II, N° 771. — Demante, *Cours analytique*, t. II, N° 493 *bis*. — Aubry et Rau, *sur Zachariæ*, t. II, § 244, p. 515. — Perrin et Rendu, *Dictionnaire des constructions*, N° 1548. — Demolombe, *des Servitudes*, t. I, N° 78.

(2) Demolombe, *des Servitudes*, t. I, N° 74.

(3) Daviel, *Traité des eaux*, t. II, N° 775.

(4) Proudhon, *du Domaine public*, t. I, N° 1376.

manent. En effet l'article 642 exige des ouvrages faits et terminés, c'est-à-dire, sinon des ouvrages d'art, du moins des travaux persistants, à demeure fixe, une *structure incorporée*, disait Guy-Coquille. Or jamais le curage d'une source ou du ruisseau dans lequel elle s'écoule, ne remplacera ces conditions. Peu importe les époques plus ou moins fréquentes auxquelles ce curage aura eu lieu, peu importe que les ouvriers y aient été préposés sans permission du propriétaire de la source, que quelque inconvénient soit résulté pour lui de ces travaux sans réclamation de sa part. Tous ces faits que Daviel nous présente comme portant l'empreinte énergique d'un droit précis, d'une jouissance non précaire n'en sont pas moins des faits fugitifs, intermittents, qui ne peuvent par conséquent en rien satisfaire à la condition exigée par notre article 642 (1).

Il faut que ces ouvrages apparents et à demeure fixe soient *faits* et *terminés*. Tant que ces ouvrages ne sont qu'en voie d'exécution, le propriétaire de la source est fondé à prétendre qu'il s'est mépris sur leur nature, qu'il ne les a considérés que comme une entreprise qui n'aurait pas de suite. La prescription ne commence donc à courir que du jour de l'achèvement complet des travaux, en ne tenant pas compte bien entendu de l'absence de ces accessoires qui ne servent qu'à donner de l'élégance à une construction.

Que les travaux soient apparents, qu'ils soient faits et terminés par le propriétaire inférieur dans le but de faciliter la chute de l'eau sur son fonds, qu'ils soient durables et permanents, ces caractères ne suffisent pas. Il faut que la possession du propriétaire inférieur soit *paisible*, *publique*, *non interrompue* et qu'elle se prolonge trente années. En un mot, outre les caractères particuliers qu'exige notre article 642, il faut encore qu'elle réunisse les caractères généraux indispensables à toute espèce de prescription.

Faut-il ajouter une sixième condition aux cinq que nous venons d'énumérer et exiger que le propriétaire fasse prolonger les travaux destinés à faciliter la chute de l'eau *jusque sur le fonds même de la source?*

(1) Caen, 18 janvier 1831. J. P., 1832, p. 46. — Bourges, 11 juin 1838.

Le droit romain et nos anciens auteurs (1) se prononçaient nettement pour l'affirmative. Dunod après Cæpolla n'enlevait au propriétaire « le droit qu'il a de retenir l'eau de sa source, que dans le cas où elle aurait coulé dans les héritages voisins par droit de servitude, prouvé par acte, ou *parce que les voisins auraient fait un canal dans le fonds dans lequel la source sort pour en conduire l'eau dans les leurs* (2). »

Les Parlements allaient même jusqu'à refuser à des propriétaires de moulins et d'usines établis depuis un temps immémorial sur une source, du consentement du seigneur, un droit à l'usage de l'eau chaque fois qu'il n'existait pas d'ouvrages sur le fonds supérieur. De là un immense préjudice pour eux.

De nos jours l'intérêt est le même : aussi la question est-elle vivement controversée dans la doctrine, bon nombre d'auteurs, soutenant que les rédacteurs du Code, en rédigeant l'article 642 ont entendu rompre agec les traditions de l'ancien droit et poser un principe nouveau, les autres prétendant que l'article 642 tel qu'il est rédigé ne déroge en rien aux principes posés par Dunod et Cæpolla.

PREMIER SYSTÈME. — L'opinion d'après laquelle les travaux faits sur le fonds inférieur suffisent pour prescrire, invoque d'abord les travaux préparatoires de notre titre.

Dans le projet, dit-on, tel qu'il a été présenté au Conseil d'État, l'article 642 n'existait pas ; l'article 641 se bornait à déclarer

(1) L. 10, C., *de servit. et aq.* — L. 1, § ult. — L. 21, *de aqua et aquæ.* — L. 24, § ult., *de Damn. inf.* — Dumoulin, *sur le 69e conseil d'Alexandre.* — Voët, *In pandect.*, l. 8, t. 3, N° 6. — Pecchius, *de Aquæductu*, l. 3, quest. 15 et suiv. — Fremyville, t II, quest. 40 et suiv. — Henrys, *Recueil d'Arrêts.*— Guy-Coquille, *sur la coutume du Nivernais*, art. 2, ch. X. — Rousseau de la Combe. — Basnage, *Coutume de Normandie*, art. 607. — Dubreuil, *Législ. sur les eaux*, p. 92. — Bourjon, *Droit communal de la France, Servitudes*, sect. 3, N° 14.

(2) Dunod, *Traité des prescriptions*, p. 88. — Cœpolla, traité 2, *De servit. rustic. præd.*, ch. IV. Nos 51, 56 et 59.

que « celui qui a une source dans son fonds peut en user à sa volonté. » M. Berlier, craignant que le principe ainsi énoncé ne reçût une application abusive, proposa d'y ajouter ces mots : « sans préjudice néanmoins des droits du propriétaire de l'héritage inférieur, quand il aura reçu l'eau de cette source pendant un temps suffisant pour en prescrire l'usage (1). » Cet amendement combattu par M. Treilhard, défendu par Cambacérès et Regnault de Saint-Jean-d'Angely, fut adopté par le Conseil d'État avec quelques petites modifications de détail. Puis vint un nouvel article correspondant à l'article 642 du Code, et qui portait : « La prescription dans ce cas ne peut s'acquérir que par une jouissance non interrompue pendant l'espace de trente années à compter du moment où le propriétaire du fonds inférieur a fait et terminé des *ouvrages extérieurs* destinés à faciliter la chute et le cours de l'eau sur sa propriété (2).

En cet état le projet fut communiqué officieusement à la section de législation du Tribunat. Là s'éleva la question de savoir si les ouvrages extérieurs nécessaires pour prescrire l'usage de l'eau de la source doivent être faits sur le fonds supérieur, ou s'il suffit qu'ils le soient sur le fonds même de celui qui veut prescrire. La dernière opinion prévalut, nous dit Locré, et comme l'expression *ouvrages extérieurs* pouvait faire naître des difficultés en faisant supposer précisément que les ouvrages devaient être faits *extérieurement* au fonds inférieur, c'est-à-dire sur le fonds même de la source, la section du Tribunat émit l'avis qu'aux mots *ouvrages extérieurs*, il convenait de substituer les mots *ouvrages apparents* (3), ce qui fut fait. De tout cela, dit-on, ressort bien l'intention manifeste du législateur de ne pas exiger que les travaux soient faits sur le fonds supérieur.

D'ailleurs, ajoute-t-on, l'article 642 se trouve au titre des *servitudes dérivant de la situation des lieux*. Sans doute, s'il s'agissait

(1) Locré, t. VIII, p 334.

(2) Séance du Conseil d'État du 11 brumaire, an XII. Locré, t. VIII, p. 347.

(3) Locré, t VIII, p. 353 et suiv.

d'une servitude dérivant du fait de l'homme, le propriétaire inférieur ne pourrait certainement établir à son profit une telle servitude sur le fonds supérieur, sans un ouvrage fait et terminé sur ce fonds, et tendant évidemment à l'acquisition de la servitude. Mais ce n'est pas là la question ; nous sommes ici en présence d'une servitude *dérivant de la situation des lieux*. Le propriétaire inférieur tient sa jouissance du bienfait de la nature, et non d'une convention expresse ou tacite entre lui et le propriétaire supérieur. Si ce dernier laisse passer le long intervalle de trente ans sans troubler cette jouissance, il est censé avoir ratifié l'ouvrage de la nature, et la jouissance est irrévocablement acquise à celui qui l'a possédée paisiblement durant trente années. Les ouvrages extérieurs que le propriétaire inférieur a faits sur son propre fonds étaient une déclaration formelle qu'il avait dessein de prescrire, et le propriétaire supérieur doit s'imputer de n'avoir manifesté aucune volonté contraire. Il pouvait, pendant les trente ans, arrêter cette prescription, soit en détournant l'eau en faveur d'un autre, soit en l'absorbant tout entière pour l'irrigation de son fonds, soit en déclarant au propriétaire inférieur, par une protestation formelle, qu'il n'entendait point laisser prescrire contre lui le droit de changer le cours de l'eau. Dès qu'il n'a rien fait, il résulte de son silence un véritable consentement, non pas à ce qu'on puisse acquérir contre lui quelque chose de nouveau, mais à ce que les lieux restent dans l'état où la nature elle-même les a placés.

Enfin on invoque l'impossibilité pratique du système contraire. Exiger que les travaux soient faits sur le fonds supérieur, c'est établir une règle qui ne pourra jamais être appliquée. Comment en effet supposer qu'un propriétaire soit assez insensé pour oser entrer sur le fonds où jaillit la source, et y construire des ouvrages ? Ne serait-ce pas d'abord pour lui s'exposer à perdre ses ouvrages, conformément aux articles 552 et 553 du Code civil ; mais en outre, chose plus grave, s'exposer à une condamnation en dommages-intérêts, et même, suivant les cas, à des peines répressives, comme auteur de voies de fait.

Quelle que soit la valeur de ces arguments, ils n'ont pas toutefois déterminé la jurisprudènce, qui paraît aujourd'hui fixée en sens contraire, et cela avec jutse raison suivant nous. En effet, l'opinion que nous venons d'exposer est en contradiction flagrante avec les principes les plus certains en matière de prescription, de propriété et de servitude; pour l'admettre, il ne faudrait rien moins qu'un texte formel et précis: or, ce texte existe-t-il? Je ne le crois pas. C'est ce que nous allons essayer de démontrer en exposant le système consacré par la jurisprudence et la majorité des auteurs.

Deuxième système. — Les ouvrages nécessaires pour prescrire doivent être prolongés sur le fonds même de la source.

Telles ont toujours été les traditions constantes de notre ancienne jurisprudence (1).

Si nous consultons les principes, la solution sera la même. En effet, de quoi s'agit-il ici? De l'acquisition d'un droit sur la source par la prescription. Or, aux termes de l'article 2229, pour prescrire il faut une usurpation de la part de celui qui veut prescrire, il faut une contradiction opposée aux droits du propriétaire. « Toute prescription, dit M. Demolombe, commence sous ce rapport, par une usurpation que le temps légitime; la prescription c'est le fait qui devient droit (2) ». Quelle usurpation commettrait l'individu qui construirait des ouvrages sur son fonds? Il ne fait qu'user d'un droit légitime et incontestable; le propriétaire de la source ne peut pas s'y opposer. Y aurait-il tout au moins contradiction aux droits du propriétaire sur l'eau de sa source? Pas davantage; car du moment où l'eau est sortie du fonds supérieur, elle cesse d'appartenir au propriétaire de la source pour entrer soit dans la communauté négative, soit dans la propriété du riverain inférieur, qui peut en disposer comme il l'entend. Donc pas d'usurpation possible dans de telles conditions, et partant pas de prescription.

Ainsi, d'après la tradition et les principes, il est nécessaire que

(1) Voir plus haut, p. 107.

(2) Demolombe, *des Servitudes*, t. I, N° 93.

les travaux aient été faits sur le fonds où naît la source. Dès lors qu'une règle existe de temps immémorial, et qu'un principe s'affirme d'une façon aussi nette, il ne peut plus y être dérogé que par une exception formellement exprimée ; cette exception, nos adversaires croient l'avoir trouvée dans l'article 642 et dans la discussion qui a précédé la rédaction de cet article.

Je reconnais sans peine que les membres du Conseil d'Etat et du Tribunat se sont prononcés en sens contraire. Mais que nous importe l'opinion émise par ces messieurs, si elle n'a pas été convertie en loi. Or, si nous consultons les documents historiques, nous voyons que le rapporteur présenta à la sanction de la Chambre la loi sur les servitudes, sans s'appuyer sur la discussion du Tribunat, et passant sous silence l'opinion qui, d'après Locré, aurait prévalu. L'article 642 fut donc voté par le Corps législatif, sans qu'il ait été dit un mot pour ou contre notre opinion. Dès lors c'est dans le texte même de l'article 642, tel qu'il a été rédigé par nos législateurs que nous devons chercher la solution de la question. Cet article ne dit nullement qu'il suffira que les travaux soient faits sur le fonds inférieur ; tout au contraire, il exige que les travaux soient faits pour faciliter la *chute* et le cours de l'eau ; or il est de toute évidence que si les travaux sont pratiqués sur le fonds inférieur, ils pourront parfaitement faciliter le cours de l'eau, ils n'en faciliteront pas la chute.

On objecte que les articles 640 à 645 prévoient l'hypothèse de servitudes dérivant de la situation des lieux, de servitudes légales, non de servitudes provenant du fait de l'homme, et que le propriétaire cherche par les travaux faits sur son propre fonds, non à acquérir une servitude sur le fonds supérieur, mais seulement à conserver une jouissance qu'il tient de la nature. Grave erreur. Quand on veut forcer le propriétaire du fonds inférieur à recevoir l'eau de la source, sans doute c'est en vertu de la loi qu'on l'y contraint ; mais quand, au contraire, c'est le propriétaire inférieur qui force le maître de la source à le laisser jouir des eaux, il agit en vertu d'un droit concédé ou reconnu par celui-ci, il réclame réellement une servitude conventionnelle, puisqu'elle s'acquiert par titre, destination du père de famille et prescription, comme toutes les autres servitudes conventionnelles. On ne peut donc lui appliquer d'autres règles que celles que contiennent les articles 690 et suivants relatifs aux servitudes conventionnelles.

D'ailleurs, ainsi que nous l'avons déjà dit, le propriétaire inférieur qui fait des travaux sur son fonds ne fait qu'user de son droit de propriété ; le propriétaire supérieur ne peut s'y opposer. Comment alors arrêtera-t-il la prescription? En s'opposant aux travaux? Mais bien souvent il ne les connaîtra pas, car son fonds peut être séparé du fonds inférieur par une clôture ou quelque édifice qui les lui masque. Et quand il s'en apercevrait, comment empêchera-t-il le propriétaire inférieur d'user de son droit absolu de propriétaire et de faire chez lui ce qu'il lui plaira. Il n'aura donc alors d'autre ressource que de changer le cours des eaux en les retenant ; mais cette rétention qui, dans une autre circonstance, pourrait servir utilement à ses irrigations, lui sera peut-être nuisible à cause de l'abondance des eaux. Et d'ailleurs, en tout cas, ce n'est pas un moyen sérieux; car c'est lorsqu'il s'agit pour le propriétaire de la source d'un acte de pure faculté, c'est lorsqu'il a le droit de laisser toujours couler ses eaux sur les fonds inférieurs, qu'on vient lui indiquer ce beau moyen de conserver son droit de propriété. *Contra non valentem agere non currit præscriptio.*

Concluons donc avec M. Demolombe (1) qu'il est indispensable, pour que la prescription puisse s'accomplir, que les travaux soient prolongés et *mordent* pour ainsi dire sur le fonds supérieur lui-même (2).

(1) Demolombe, *des Servitudes*, t. 1, N° 80.

(2) Le projet de Code Rural admet la prescription comme moyen d'acquérir un droit à l'eau de la source ; peu importe que les travaux soient faits sur le fonds inférieur ou sur le fonds supérieur, pourvu qu'ils constituent une servitude apparente et continue. Il modifie ainsi l'article 642 du Code civil : « Le propriétaire d'une source ne peut plus en user au préjudice des propriétaires inférieurs, qui, depuis plus de trente ans, ont fait et terminé, soit sur le fonds supérieur, soit sur leur propre fonds, des ouvrages apparents et permanents destinés à faciliter la chute et le cours de l'eau dans leur propriété.

Les articles 641 et 642 établissent une véritable prescription soumise aux règles générales fixées par les articles 2219 et suivants du Code civil. Or, l'article 2238, au titre de la prescription, dit que l'on peut prescrire, si le titre de la possession se trouve interverti soit par une cause venant d'un tiers, *soit par la contradiction opposée au droit du propriétaire.*

Ce mode de prescription est-il applicable aux eaux de source, et aux travaux sur le fonds supérieur, faut-il ajouter la contradiction ou l'interversion de titre? — Le propriétaire d'une source fait sur son fonds des travaux de nature à la modifier, le propriétaire inférieur lui fait sommation de les cesser: le propriétaire de la source obéit à cette injonction, et les choses restent en cet état durant trente ans. Au bout de ce temps le propriétaire de la source veut la détourner: le propriétaire inférieur peut-il l'en empêcher, et invoquer la prescription, en donnant comme point de départ à sa possession la sommation par laquelle il s'est opposé à la continuation des travaux?

Oui, répondent MM. Proudhon, Troplong et Nadault de Buffon (1). Aucun texte n'empêche le propriétaire inférieur de prescrire autrement que par des travaux apparents un droit d'usage sur la source. Bien plus, dit-on, l'article 2232 fournit un excellent argument *a contrario*; aux termes de cet article, les actes de pure faculté et de simple tolérance ne peuvent fonder ni possession ni prescription. Or, dans l'hypothèse, il y a eu une sommation. Cette sommation suivie de la cessation des travaux constitue l'affirmation d'un droit opposé à celui du propriétaire de la source, qui aurait du le mettre en garde. Ce n'est donc plus par simple tolérance, *jure servitutis*, mais bien *jure dominii*, que le propriétaire inférieur continue à recevoir les eaux. Dès lors, la précarité étant couverte, sa jouissance peut le mener au bout de trente ans à la prescription.

Je pense au contraire avec MM. Pardessus, Daviel, Taulier et

(1) Proudhon, *du Domaine public*, t. IV, N°s 1381 et 1371. — Aubry et Rau, *sur Zachariæ*, t. II, p. 37, note 8. — Troplong, *de la Prescription*, t. I, N° 113 — Nadault de Buffon, *des Eaux de source*, p. 308 et suiv.

Demolombe (1) qu'une semblable prescription ne peut valoir en matière d'eaux de source, ni la contradiction suppléer aux ouvrages.

En effet, le droit commun aux termes de l'article 641 § I, c'est que le propriétaire d'une source peut en user à sa volonté, il a le droit de faire toujours des aménagements nouveaux. A cette règle générale l'article 641 *in fine* apporte une exception en ce qui concerne la prescription, et l'article 642 nous dit d'une façon limitative que la prescription, dans ce cas, ne peut s'acquérir que par une jouissance non interrompue pendant l'espace de trente années, à compter du moment où le propriétaire du fonds inférieur a fait et et terminé des ouvrages apparents, etc. *Exceptiones sunt stricti juris.*

D'ailleurs la sommation n'est pas suffisante en elle-même pour couvrir la précarité qui vicie la possession du propriétaire inférieur, l'abstention du propriétaire de la source à la suite de cette sommation pouvant fort bien s'expliquer par la crainte d'avoir à subir un procès.

§ IV. — Des droits des habitants d'une commune sur les eaux de source.

Après avoir examiné les restrictions que comporte la libre disposition d'une source dans un intérêt privé, restriction manifestée par le titre, la destination du père de famille et la prescription, nous arrivons à une nouvelle restriction, qui a son origine dans un intérêt public et qui est ainsi formulée par l'article 643 : « Le propriétaire de la source ne peut en changer le cours, lorsqu'il fournit aux habitants d'une commune, village ou hameau, l'eau qui leur est nécessaire ; mais si les habitants n'en ont pas acquis ou prescrit l'usage, le propriétaire peut réclamer une indemnité, laquelle est réglée par experts. »

Cet article est une application de la règle : *qui peut le plus*,

(1) Pardessus, t. I, N° 194. — Daviel, t. III, N° 777. — Taulier, t. II, p. 369. — Demolombe, t. I, N° 89. — Vaudoré, *Droit rural français*, N° 307.

peut le moins. On pouvait, aux termes de l'article 545 du Code civil, complété par la loi du 3 mai 1841, exproprier la propriété de la source pour cause d'utilité publique; à plus forte raison peut-on la laisser à son propriétaire en lui imposant simplement l'obligation de la laisser couler. Toutefois si la restriction que notre article 643 apporte au droit du propriétaire est moins grave que celle de l'article 545, elle est en même temps plus onéreuse à un autre point de vue, parce que cette servitude s'établit de plein droit, sans qu'il y ait lieu de recourir aux formalités protectrices de l'expropriation (1).

L'article 643 exige la réunion de deux conditions indispensables. Il faut qu'il s'agisse d'une communauté d'habitants, commune, village ou hameau; ensuite que l'on se trouve dans le cas de la nécessité.

Il faut en premier lieu que l'eau serve à une commune, à un village ou à un hameau, c'est-à-dire à une réunion d'habitants considérés *ut universi*, et non *ut singuli*. Le bénéfice de l'article 643 ne pourrait donc pas être réclamé par des propriétaires isolés qui auraient un besoin indispensable de l'eau, mais dont les maisons, quoique très-rapprochées les unes des autres, ne formeraient pas au moins un hameau. C'est d'ailleurs à l'autorité administrative qu'il appartient de décider si telle réunion de maisons est suffisante pour constituer un hameau.

La deuxième condition, c'est que l'eau soit nécessaire et indispensable aux habitants de la commune ou du hameau. Si l'eau était seulement utile aux habitants, ils ne pourraient se prévaloir de l'article 643.

Il ne peut s'agir ici que d'une nécessité absolue. Dans l'esprit de la loi il ne s'agit donc pas de l'eau nécessaire au mouvement des usines ou réclamée par les besoins de l'agriculture, mais seulement de celle qui est nécessaire à l'alimentation des hommes et des bestiaux. Donner une autre interprétation à l'article 643, ce serait annuler le droit de propriété en le restreignant à des cas très-

(1) Demolombe, *des Servitudes*, t. I, N° 90.

rares. En effet, dès qu'une source donne naissance à une masse d'eau un peu considérable, nous voyons de suite un village établi sur ses bords, et si la loi était conçue d'une manière aussi extensive, elle restreindrait le droit du propriétaire à des sources peu importantes, souvent desséchées pendant l'été, et qui ne sauraient faire l'objet d'une concession utile.

La question a été plus débattue lorsqu'il s'est agi de savoir si l'exception de l'article 643 concernait l'eau nécessaire au fonctionnement de moulins alimentant la commune. Nous croyons, contrairement à l'opinion émise par MM. Garnier et Toullier (1), que l'on ne pourrait voir là des besoins domestiques dans le véritable sens du mot; en effet, l'eau n'étant ici réclamée que comme force motrice, si les moulins venaient à s'arrêter faute d'eau, il serait toujours possible aux habitants, soit de la remplacer par d'autres moyens de force motrice, soit d'envoyer moudre leur grain ailleurs, tandis que l'eau nécessaire à l'alimentation des hommes et des bestiaux ne peut pas être remplacée par un autre élément (2).

A quelle autorité appartient-il de statuer sur la question de nécessité? Ici ce n'est plus l'autorité administrative qui a le pouvoir d'apprécier cette question; l'autorité judiciaire est seule compétente pour décider si les eaux de la source d'un particulier sont ou non nécessaires aux besoins de la commune (3). Le maire dépasserait donc les limites de sa juridiction, s'il prenait un arrêté pour défendre le détournement d'une source (4).

Une fois ces deux points établis, que l'eau est *nécessaire* à une *communauté d'habitants*, le propriétaire de la source ne peut plus en changer le cours. Mais cette servitude ne lui est imposée par l'article 643 que moyennant une juste et préalable indemnité, la-

(1) Garnier, *Régime des eaux*, t. III, N° 745. — Toullier, t. III, N° 134.

(2) Demolombe, *des Servitudes*, t. I, N° 95.— Proudhon, *du Domaine public*, t. IV, N° 1886. — Daviel, t. III, N° 789 — Nadault de Buffon, *des Eaux de source*, p. 383.

(3) Aix, 18 juin 1845. D. P., 1846, II, 223.

(4) Cass., 8 juin 1848.

quelle est réglée par experts, à moins que les parties ne s'accordent à l'amiable.

Le but de cet indemnité est de rendre le propriétaire indemne, *sine damno;* elle doit donc être calculée non pas sur l'avantage qui en résulte pour la commune, mais sur le préjudice qu'éprouve le propriétaire de la source obligé de souffrir un usage qu'il n'est pas libre de refuser (1). Elle se répartit d'ailleurs entre les habitants, parmi ceux-là seulement à qui l'eau est nécessaire, et ne pèse nullement sur ceux qui n'ont pas part au bénéfice (2). C'est ainsi que si l'eau ne profite qu'à un hameau, l'indemnité ne peut frapper la commune entière.

L'action en indemnité de la part du propriétaire s'éteint par le non nsage.; il s'agit dans ce cas d'une simple prescription libératoire: l'article 643 nous dit, en effet, que le propriétaire peut réclamer une indemnité à moins que les habitants n'en aient acquis ou prescrit l'usage.

Toutefois la rédaction un peu ambiguë de cet article a fait naître la difficulté suivante: L'article 643, a-t-on dit, parle du cas où les habitants auraient *acquis ou prescrit l'usage de l'eau.* Il s'agit donc, non seulement de la prescription libératoire de l'indemnité, mais de la prescription de l'effet d'acquérir. Or « que faut-il, dit M. Proudhon (3), pour que la prescription de l'usage soit acquise de manière à rendre mal fondée toute réclamation d'indemnité? La réponse à cette question se trouve dans le principe consacré par l'article précédent (art. 642), et qui a été le même dans tous les temps; il faut que les habitants aient fait et terminé sur le fonds de la source des ouvrages apparents et destinés à attirer ou à assurer le cours de l'eau vers leur village ou hameau, ou qu'il y ait eu de leur part quelque acte de contradiction formé contre le propriétaire pour

(1) Brillon, v. *Eau*, N° 8. — Pardessus, t. I, N° 138. — Proudhon, *du Domaine public*, t. IV, N° 1390. — Demolombe, *des Servitudes*, t. 1, N° 97. — Marcadé, *sur l'article* 643. — Aix, 13 juin, 1845. J. P., 1846, II, 218.

(2) Pardessus, t. I, N° 138. — Demolombe, t. I, N° 97.

(3) Proudhon, *du Domaine public*, t. IV, N° 1389.

l'empêcher de disposer autrement de son ruisseau et qu'il se soit écoulé trente ans de jouissance paisible depuis la confection de ces ouvrages ou la notification de cet acte (1). »

Ces motifs ne manquent assurément pas de force ; néanmoins l'opinion de M. Proudhon ne nous paraît pas exacte. Il nous est facile en effet de répondre avec M. Nadault de Buffon que la servitude de l'article 643 est une servitude légale, laquelle existe par le fait seul de la loi ; du jour où l'eau est reconnue nécessaire à la commune, la loi lui en attribue l'usage *ipso facto* : dès lors ni le titre, ni la prescription ne sont nécessaires aux habitants pour leur assurer l'usage de l'eau, c'est-à-dire, la faculté d'en user, puisque c'est précisément ce droit que leur confère, par une disposition spéciale, l'article 643, qui sans cela n'aurait plus aucune utilité. Donc la seule prescription qui soit possible, c'est la prescription libératoire de l'action en indemnité, analogue à celle dont il est question dans les articles 682 à 685 du Code civil. Or, en cette matière, il ne peut être évidemment question de travaux (2).

La condition indispensable pour que la prescription de l'indemnité commence à courir, c'est que les habitants jouissent en leur qualité d'habitants, comme représentant la commune, le village ou le hameau, *ut universi, non ut singuli*. Les tribunaux sont seuls juges de la question de savoir si cette condition et les autres nécessaires à l'accomplissement de la prescription ont été remplies.

Le seul attribut de la propriété que fasse perdre l'article 643 est la *faculté de changer le cours de la source* ; le propriétaire de la source conserve d'ailleurs le droit d'user de ses eaux, pourvu qu'il

(1) M. Mourlon, qui a cru voir dans l'article 643 non pas la constitution d'une servitude légale, mais le point de départ d'une expropriation, et qui exige, pour que la prescription puisse courir, la nécessité de travaux sur le fonds supérieur, se livre sur ce point à une dissertation fort ingénieuse, à laquelle il n'est pas sans intérêt de recourir (Mourlon, *Répétitions écrites du Code Napoléon*, N°s 1678 à 1680).

(2) Marcadé, sur l'art. 643. — Duranton, N° 189. — Melleville, *sur l'article* 643. — Pardessus, t. I, N° 138. — Demolombe, t. I, N° 98. — Daviel, t. III. N° 788. — Taulier, t. II, p. 366 — Nadault de Buffon, *des Eaux de source*, N° 70.

satisfasse aux besoins de la commune. D'où il suit que non-seulement le propriétaire de la source ne peut pas en détourner le cours, mais qu'il ne peut plus en diminuer le volume de manière à rendre illusoire le droit de servitude établi en faveur des habitants, et qu'il ne peut pas surtout en corrompre l'eau, ni la rendre impropre aux usages domestiques (1).

L'article 643 ne fait pas obstacle au droit qui appartient à tout propriétaire de faire des fouilles dans son fonds pour y découvrir des eaux de source; et la commune n'aurait aucune action contre lui, lors même que ces fouilles, faites sans aucune intention de diminuer le volume des eaux, auraient pour résultat de nuire à la source nécessaire aux habitants. M. Proudhon soutient il est vrai le système contraire, en se basant sur des raisons d'utilité publique plus fortes que les considérations de l'intérêt privé (2). Mais nous ne voyons pas bien de quel intérêt le système de M. Proudhon pourrait bien être pour les habitants, puisque en admettant que le droit de fouille pût être interdit sur son propre fonds au propriétaire de la source, on ne pourrait aller jusqu'à dire que cette faculté sera aussi retirée aux fonds supérieurs ou voisins. Pourtant, ajoute M. Nadault de Buffon, ils disposeront d'autant de moyens, peut-être même de moyens plus efficaces que le propriétaire de la source pour en couper les veines et en arrêter le cours, les veines ou cours souterrains d'une source s'étendant généralement à de grandes distances.

D'ailleurs, l'article 643 en interdisant au propriétaire de la source d'en *changer le cours* a édicté à son détriment une défense assez lourde qu'il est inutile d'aggraver. Or, par l'emploi du mot *cours*, le législateur a suffisamment manifesté qu'il s'agit d'une eau courante se répandant sur le sol, et non d'une eau souterraine (3).

(1) Demolombe, *des Servitudes*, t. I, N° 100.

(2) Proudhon, *du Domaine public*, t. V, N° 1547.

(3) Cass., 29 nov. 1830. D. P., 1830, I, 396. — Cass. civ., 26 juillet 1836. S., 1836, I, 819. D. P., 1840, I, 489. — Cass. civ., 4 déc. 1849. S. 1850, 1, 88. — Hennequin, *Traité de législation*, t. I, p. 488. — Daviel, t. III, N° 804. — Garnier, t. IV, N° 471. — Demolombe, t. I, N° 92. — Nadault de Buffon N° 67.

Le même raisonnement nous servira à repousser l'opinion de ceux qui voudraient étendre la servitude de l'article 643 à une citerne, un étang, une mare, en un mot aux *eaux qui n'ont pas de cours*. Non-seulement cette opinion est contraire au texte même de la loi, — et l'on ne saurait étendre les termes d'une loi qui crée une servitude, — mais elle tend à établir une analogie entre deux ordres de choses très-distinctes, l'usage des eaux courantes d'une source qui, se renouvelant sans cesse, sont inépuisables pour les besoins domestiques, tandis qu'il en est autrement des eaux d'une citerne, d'une mare ou de tout autre amas d'eau stagnante (1).

J'arrive maintenant à une question plus controversée et qui peut se formuler de la façon suivante : Les habitants ont-ils le droit de contraindre le propriétaire de la source à leur ouvrir un passage sur son fonds, pour qu'ils puissent aller y puiser l'eau nécessaire à leurs besoins? Oui, répond M. Proudhon, car souvent la servitude établie en leur faveur ne pourrait être pour eux d'aucune utilité, s'ils n'avaient aussi la servitude de passage (2). Néanmoins il est à remarquer que l'article 643 porte : *Le propriétaire ne peut en changer le cours lorsqu'il fournit, etc.* La seule obligation imposée au propriétaire est donc de ne pas changer le cours de la source. Dès lors on ne peut, dans le silence de la loi, aggraver la servitude d'un droit de passage au profit d'une commune entière, ce serait en effet exposer le propriétaire de la source à de graves dommages (3). « En fait de servitude, dit lui-même M. Proudhon, tout est de rigueur parce que le principe de la liberté constitue toujours la règle du droit commun. Il n'est donc jamais permis d'argumenter

(1) Daviel, t. III, N° 895. — Proudhon, *du Domaine public*, N° 1391. — Marcadé, *sur l'article* 643. — Demolombe, t. I, N° 91.

En sens contraire : Duranton, t. V, N° 191. — Vaudoré, *le Droit Rural français*. — Pardessus, t. I, N° 138. — Duranton, t. V, N° 191. — Taulier, t. II, p. 365. — Cette doctrine a été aussi accueillie par un arrêt de la cour de cassation du 3 juillet 1822.

(2) Proudhon, *du Domaine public*, N° 1381.

(3) Daviel, t. III, N°s 788 et 790. — Massé et Vergé, *sur Zachariæ*, t. II, p. 168. — Demolombe, t. 1, N° 98. — Cass., 5 juillet 1864. S., 1864, I. 362.

par analogie pour transporter d'un cas à l'autre l'établissement d'une servitude (1).

Appendice. — Des eaux pluviales.

Nous avons étudié avec l'article 640, qui s'occupe de toutes les eaux sans distinction, les inconvénients qui résultent du passage des eaux pluviales. Quant aux avantages qu'elles peuvent procurer, le Code n'en parle pas. Serait-ce que ces eaux présenteraient moins d'intérêt que les eaux du sol au point de vue de l'agriculture, et qu'en conséquence, le législateur aurait cru inutile de s'en occuper? Cela est possible, bien que les eaux pluviales soient encore suffisamment recherchées, comme moyen d'arrosage et d'irrigation, surtout dans les pays où le manque d'eau les rend indispensables pour les besoins de l'agriculture et les besoins domestiques.

Aussi de nombreuses difficultés se sont-elles élevées dans la pratique ; après quelques tâtonnements, la doctrine et la jurisprudence sont arrivées à se mettre à peu près d'accord sur la solution à donner aux différentes questions qui se sont présentées.

En droit, les *eaux vives* sont celles qui sortent du sein de la terre, qu'elles aient ou non un cours extérieur, telles que celles des rivières, des ruisseaux, des puits. Les *eaux pluviales* sont celles qui tombent du ciel, *aqua cœlestis*, ou qui proviennent de la fonte des neiges ou des glaces. Relativement à ces dernières, nous avons à nous demander si les principes posés par les articles 641 à 643 leur sont applicables.

On a longtemps confondu, comme étant soumises à un principe identique, les eaux pluviales qui tombent sur une propriété privée et les eaux pluviales qui tombent et coulent sur un chemin public, ce qui n'a pas peu contribué à embrouiller la question déjà fort délicate en elle-même. Aujourd'hui la doctrine établit une dis-

(1) Proudhon, *du Domaine public*, t. IV, N° 1391.

tinction fort importante entre ces eaux. Pour la bien saisir nous examinerons donc séparément ces deux cas.

PREMIÈRE HYPOTHÈSE. — *Les eaux pluviales tombent sur une propriété privée.* — C'est au maître de cette propriété qu'elles sont acquises; comme ce sont des *res nullius*, il en devient propriétaire par voie d'occupation, ou par l'effet d'une sorte d'accession à son héritage. Tous les auteurs sont d'accord sur ce point. M. Proudhon notamment dit : « Soit que les eaux viennent d'en haut, soit qu'elles viennent d'en bas, le propriétaire du fonds ne les tenant que de la Providence, ne doit pas être obligé d'en rendre l'usage à d'autres. (1) » Il est libre d'en user ou de n'en pas user, de les absorber, de les recueillir dans des citernes ou de les laisser couler sur les terres inférieures, que l'article 640 condamne à les recevoir. La règle de l'article 641 s'applique donc sans aucun doute aux eaux de pluie.

De ce que les eaux pluviales appartiennent au premier occupant, il en résulte, suivant M. Demolombe, que ce premier occupant, lorsque les eaux tombent sur un domaine privé, est propriétaire de ces eaux, comme il serait propriétaire de la source qui jaillit sur son terrain, et que dès lors les propriétaires inférieurs ont sur les eaux pluviales le même droit qu'ils auraient sur des eaux de source; qu'ainsi les eaux pluviales peuvent être acquises par des propriétaires inférieurs, conformement aux dispositions de l'article 642, par titre, par prescription ou par destination du père de famille.

Il n'y a pas de difficulté quant au titre; il est clair que le propriétaire sur lequel les eaux tombent, peut renoncer à son droit en faveur d'un tiers (2). A l'égard de la destination du père de famille,

(1) Proudhon, *du Domaine public*, t. IV. N° 1685.— Troplong, *Prescription*, Nos 147 et 148. — Daviel, *Traité des cours d'eau*, t. II, p. 800. — Garnier, *Traité des eaux.* — Duranton, t. V, N° 159. — Marcadé, *sur l'art.* 641. — Demolombe, *Servitudes*, t. I, Nos 105 et 106.

(2) Pardessus, t. I, N° 108. — Demolombe, t. I, N° 108.

pas de doute non plus : la destination du père de famille équivaut à titre (art. 692 C. civ.)

Quant à la prescription, les auteurs sont divisés ainsi que la jurisprudence. La question se pose avec toute sa difficulté, lorsque le propriétaire du fonds inférieur a fait sur le fonds supérieur des travaux apparents pour faciliter l'écoulement des eaux, lorsque, en un mot, il a rempli toutes les conditions que prescrit l'article 642 lorsqu'il s'agit d'eaux de source. Aura-t-il prescrit par cette possession, qu'attestent des ouvrages apparents, le droit d'exiger la transmission des eaux pluviales tombées sur le fonds supérieur à chaque pluie nouvelle, comme il aurait ainsi acquis des droits à des eaux vives ?

M. Duranton soutient que la prescription n'est pas applicable aux eaux pluviales. En faveur de son système, il invoque d'abord le silence même de la loi ; aucune disposition du Code ne statue sur ce point, et l'on ne peut invoquer les articles 641, 642, 643, qui ne sont applicables qu'aux eaux de source. Il ajoute que la possession de ces eaux est insusceptible de servir de base à la prescription, soit parce que leur cours n'est pas continu (article 2229), soit parce qu'il n'est que le résultat de la simple tolérance (art. 2232) (1).

Nous croyons au contraire avec la majorité des auteurs que le propriétaire inférieur peut acquérir par la prescription un droit exclusif aux eaux de pluie qui tombent sur le fonds supérieur. Sans doute, l'article 642 ne parle que des eaux de source ; mais le législateur avait en vue l'hypothèse la plus fréquente ; il a laissé une lacune, et il n'a point voulu poser de limite qu'il serait interdit de franchir.

On nous oppose l'article 2232, et on nous dit que si le propriétaire supérieur a laissé couler les eaux pluviales sur le fonds voisin, c'est par simple tolérance. Cet argument n'est rien moins que concluant, car dans l'espèce, le propriétaire inférieur a fait des ouvrages qui annonçaient sa volonté d'acquérir une servitude active

(1) Duranton, t. V, N° 158.

sur le fonds supérieur. D'ailleurs il serait faux de considérer les eaux fluviales comme assez peu précieuses, pour supposer nécessairement que le propriétaire supérieur n'a pas dû y attacher d'importance, ni s'émouvoir des prétentions qu'annonçait le propriétaire inférieur par ses travaux. Dans certains pays en effet, et à certaines époques de l'année, elles ont une telle valeur, qu'on ne peut pas rejeter sur l'excuse de simple tolérance le silence qu'a gardé le propriétaire supérieur. Le prix de ces eaux, les ouvrages exécutés par le propriétaire inférieur l'ont suffisamment intéressé à leur possession, prémuni contre tous empiétements, et mis en demeure de s'y opposer, pour qu'il soit inexcusable de n'avoir pas interrompu une possession étrangère.

Ces eaux, il est vrai, sont intermittentes; mais il est facile de répondre à cette objection, en faisant observer que si l'écoulement n'est pas continu, les ouvrages permanents, établis par le propriétaire inférieur pour s'approprier ces eaux, sont là pour donner à la possession le caractère qui lui manquerait (art. 688). Qu'importe que les eaux ne coulent pas sans interruption, puisque les conduits ou les canaux sont toujours en état de les recevoir, et attestent continuellement la possession étrangère?

Sans doute, malgré l'inaction du propriétaire supérieur, prolongée pendant un temps immémorial, il n'en résulterait pas pour cela de droit au profit du propriétaire voisin qui n'aurait fait que recueillir les eaux pluviales à la sortie du fonds supérieur; l'usage en est trop discontinu pour ne pouvoir pas être expliqué par la tolérance du propriétaire supérieur. Mais si le possesseur atteste sa possession par des signes permanents, s'il a établi un aqueduc ou tout autre ouvrage, destiné à capter les eaux de pluie, n'y a-t-il pas là une prise de possession suffisante, n'y a-t-il pas une interpellation assez énergique adressée au maître de ce fonds rendu servant? Est-ce que, par la construction de ces ouvrages, le propriétaire inférieur ne témoigne pas hautement de l'intention formelle de s'approprier exclusivement ces eaux, jusqu'à présent publiques, et de se les approprier chaque fois qu'elles couleront?

Tout cela nous semble évident ; et nous craindrions, en ne nous prononçant pas ainsi, de tomber dans les exagérations du droit romain qui, à force d'exiger la perpétuité dans la cause des servitudes, en arrivait à considérer comme impossible l'établissement d'une servitude d'aqueduc sur un lac, ou sur un étang, parce que leurs eaux sont susceptibles de tarir (1). « Attendu, dit un arrêt de la Cour de cassation, que la circonstance que la servitude n'aurait pas des effets continuels, ne serait pas de nature à modifier son caractère légal ; qu'elle n'en reste pas moins continue dans son essence, quoique son exercice éprouve des interruptions plus ou moins longues, plus ou moins fréquentes..... (2) »

Notre système a du reste pour résultat de rétablir l'égalité de position entre les deux fonds : si l'héritage inférieur est assujetti à recevoir les eaux des terrains supérieurs, alors même que ces eaux ne lui sont pas utiles, peut-être même nuisibles, n'est-il pas juste qu'en compensation, il puisse, lorsque ces eaux lui sont utiles, en acquérir la jouissance par une possession suffisamment prolongée (3) ?

(1) *Omnes servitutes prædiorum perpetuas causas habere debent; et ideo neque ex lacu neque ex stagno concedi aquæductus potest* (l. 28, *de servit præd. urb.*).

(2) Cass., 18 juin 1851. S., 1852, I, 518. — Cass., 12 mai 1858. S., 1859, I, 481. — Proudhon, *du Domaine public*, t. IV, Nos 1381 et 1382. — Demante, *Cours analyt.*, t. II, N° 495 *bis*. — Pardessus, t. I, N° 108. — Daviel, t. III, Nos 797 et 798. — Troplong, *Prescription*, t. I, N° 148. — Marcadé, *sur l'art.* 642. — Demolombe, *des Servitudes*, t. I, N° 109.

(3) Le deuxième projet de Code rural prévoyait la question, et c'est bien dans ce sens qu'il la tranchait par son article 121 : « Le propriétaire du fonds supérieur a droit de profiter des eaux pluviales avant le propriétaire inférieur, et sans que ce dernier puisse y mettre aucun obstacle. Le propriétaire inférieur ne pourra se prévaloir à cet égard d'aucune possession contraire qui ne serait fondée que sur le non-usage du propriétaire supérieur, et ne serait appuyée d'aucun ouvrage apparent fait par lui depuis un temps suffisant pour prescrire. »

DEUXIÈME HYPOTHÈSE. — *Les eaux pluviales coulent sur un chemin public.* — Une sous-distinction est ici nécessaire. S'agit-il d'apprécier les droits de chaque propriétaire riverain, à l'encontre des autres propriétaires coriverains ou inférieurs, relativement aux eaux pluviales, en tant qu'elles coulent sur la voie publique elle-même, pas de difficulté. Les auteurs reconnaissent d'une manière absolue à ces eaux la qualité de *res nullius*. Elles appartiennent donc au premier occupant, c'est-à-dire au propriétaire riverain de la voie publique, qui le premier a pu se les approprier; mais on ne peut les recueillir ainsi, qu'en respectant la propriété publique, et toute dégradation du chemin, résultant de cette dérivation des eaux pluviales, devrait être réparée.

Les travaux apparents qu'aurait exécutés l'un des propriétaires riverains, ne lui donneraient, même après une possession paisible de plus de trente ans, aucun droit exclusif aux eaux pluviales qui tombent sur la voie publique. De tels ouvrages ne le protégeraient pas non plus contre les entreprises des riverains supérieurs tendant aussi à la captation de ces mêmes eaux; le premier occupant les acquiert, quelque longue possession que puisse invoquer à leur endroit le propriétaire inférieur, quelques travaux qu il ait exécutés (1). Leur nature de *res nullius* les rend impropres, tant qu'elles conservent cette qualité, c'est-à-dire aussi longtemps qu'elles sont sur la voie publique, à toute appropriation privée ayant un caractère exclusif.

« La raison de ceci est qu'on ne se sert des eaux pluviales que comme habitant faisant partie du public, pour l'utilité duquel la nature les fait couler. Quand même on aurait pratiqué des ouvrages pour en faciliter l'écoulement chez soi, on n'aurait pas rendu sa condition meilleure, et l'on se trouverait dans une position identique à celle où l'on était auparavant; car les travaux d'écoulement ne seraient qu'un moyen de faciliter l'exercice du droit acquis à tout particulier. Ce serait le droit du premier occupant rendu plus commode; mais il n'en est pas moins vrai qu'on n'aurait rien

(1) Cass., 22 avril 1868. S., 1868, 1, 294. — Cass., 18 déc. 1866. S, 1867, I, 381.

acquis de plus que le droit d'user de ces eaux comme habitant. Comme fraction du public, tout autre habitant aurait un droit égal, si le premier il s'emparait de ces eaux, propriété de tous(1).»

Les difficultés sont plus grandes lorsque les eaux pluviales ont été dérivées de la voie publique par un propriétaire riverain, et qu'elles sont entrées dans son fonds. Peut-il les transmettre à un propriétaire non riverain, et ce dernier peut-il acquérir sur elles un droit de servitude, soit par titre, soit par prescription, soit par destination du père de famille? Sur ce point il existe une grande divergence entre les auteurs.

M. Proudhon soutient très-nettement que ni le titre, ni la prescription, ni la destination du père de famille ne sauraient être invoqués par le propriétaire non riverain (2).

Nous pensons au contraire avec MM. Demolombe, Marcadé et autres que le droit du propriétaire non riverain peut s'établir sur les eaux pluviales au détriment du propriétaire riverain de la voie publique, non seulement par titre, mais par la destination du père de famille qui équivaut à titre, et même par la prescription. Nous ne voyons pas, en effet, sur quelles raisons sérieuses on pourrait s'appuyer pour repousser notre solution. Serait-ce par cette considération que les eaux pluviales coulant sur la voie publique sont des *res nullius*, appartenant par conséquent au premier occupant, lequel est libre de les employer ou de ne pas les employer, sans que pour cela, ce droit de pure faculté puisse lui être enlevé par la possession d'un tiers? Mais ces eaux ne conservent leur caractère de *res nullius* qu'en tant qu'elles sont sur la voie publique; dès que le riverain les détourne pour les faire entrer dans son fonds, il en

(1) Dunod, *des Prescriptions*, p. 88. — Proudhon, *du Domaine public*, t. IV, N° 1318. — Duranton, t. V, N° 159. — Troplong, *de la Prescription*, t. 1, N° 147. — Marcadé, *sur l'art.* 642. — Demolombe, t. I, N° 115.

(2) Proudhon, *du Domaine public*, t. IV, N° 1335. — M. Troplong professe d'une manière très-nette que ni la prescription, ni la destination du père de famille ne sauraient être invoquées en pareil cas (Troplong, *de la Prescription*, t. I, N° 147). — M. Duranton admet la destination du père de famille, mais ne paraît pas aussi explicite en ce qui concerne la prescription (Duranton, t. V, N° 160).

devient propriétaire et peut en faire ce qu'il lui plaît. Donc, toutes les règles, que nous avons posées sur la première hypothèse où il s'agit d'eaux pluviales, qui se trouvent sur un fonds privé, sont ici, de tout point applicables (1).

C'est ce que fait remarquer un arrêt de la Cour de cassation : « Attendu, en droit, que si les eaux pluviales qui coulent sur la voie publique, n'étant à personne, ne sont susceptibles d'une possession exclusive, le propriétaire riverain peut néanmoins les prendre à leur passage ; qu'il dépend de lui d'en faire l'usage qu'il lui plaît, et par suite de les concéder à son voisin, afin que celui-ci en use, après les avoir reçues de lui... (2) »

D'ailleurs, il est bien entendu que le droit du propriétaire non riverain n'existe qu'à l'encontre du propriétaire qui lui a concédé l'usage des eaux pluviales, ou qui a laissé la prescription s'accomplir ; mais à l'égard des propriétaires supérieurs, cette acquisition de droits est sans aucun effet ; ceux-ci pourraient s'emparer des eaux pluviales qui coulent sur le chemin public, malgré toutes conventions intervenues entre les propriétaires inférieurs, riverains ou non.

(1) Marcadé, *sur l'art.* 642. — Massé et Vergé, *sur Zachariæ*, t. II, p. 160, note 2. — Demolombe, *des Servitudes*, t. I, N° 117.

(2) Cass., 21 juillet 1845. S., 1845, I, 33. — Cass., 16 mars 1853. S., 1853, I, 621. — Cass., 9 avril 1856. S., 1856, I, 309.

CHAPITRE III.

DES FONDS BORDÉS OU TRAVERSÉS PAR UNE EAU COURANTE.

Nous avons vu avec l'article 640 l'obligation imposée aux fonds inférieurs de recevoir les eaux qui découlent naturellement des fonds supérieurs ; nous avons examiné avec les articles 641 à 643 les droits des propriétaires qui ont une source dans leurs fonds ; nous abordons maintenant l'étude des articles 644 et 645, ayant trait aux droits des propriétaires dont les fonds sont bordés ou traversés par une eau courante.

Deux sortes de droits ou plutôt de facultés peuvent résulter du voisinage d'une eau courante. D'abord elle peut servir à des usages propres à tous, tels que le droit d'y puiser pour les besoins de la vie, d'y abreuver les troupeaux, etc. Ensuite certains droits privés beaucoup plus importants sont réservés par le législateur aux propriétaires riverains seuls. Ces droits sont accordés aux riverains comme une compensation des préjudices et des dommages qu'ils peuvent éprouver du voisinage des eaux courantes par suite de leurs inondations extraordinaires ou de leur action continuelle. On a donc considéré que la propriété contiguë est exposée en première ligne à l'action des eaux. On aurait bien dû considérer aussi que les fonds non riverains y sont exposés en seconde ligne, ne sont souvent separés du cours d'eau que par une mince bande de terrain, quelquefois un chemin public, et que lorsqu'il s'agit d'entreprendre et d'entretenir les travaux d'endiguement ou de défense, on y fait contribuer les terrains de la seconde ligne et des lignes subséquentes. Mais la loi est ainsi faite ; elle a été interprétée dans ce sens par la doctrine et la jurisprudence ; force nous est donc bien d'accepter le système qui consiste à ne reconnaître le droit à l'eau qu'aux fonds contigus.

D'après l'article 644, « Celui dont la propriété borde une eau courante autre que celle qui est déclarée dépendance du domaine public (1) peut s'en servir à son passage pour l'irrigation de ses propriétés, » et « celui dont cette eau traverse l'héritage peut même en user dans l'intervalle qu'elle y parcourt, mais à la charge de la rendre à la sortie de ses fonds à son cours ordinaire. » Ainsi la loi prévoit deux hypothèses très-différentes : le cas où le cours d'eau longe seulement une propriété et celui où il la traverse; dans le premier cas le riverain a le droit de se servir de l'eau pour l'irrigation; dans l'autre, il a le droit d'en user pourvu qu'il la rende à son cours ordinaire à la sortie de ses propriétés.

Ces deux hypothèses sont soumises à des règles différentes que nous étudierons plus tard. Toutefois il importe de poser immédiatement quatre propositions générales qui sont communes à l'une et à l'autre et applicables à tous les propriétaires riverains d'une eau courante, soit que cette eau borde seulement leurs héritages, soit qu'elle les traverse.

1° Le propriétaire d'une seule rive ou des deux rives ne peut se servir ou user de l'eau de manière à nuire à autrui, c'est-à-dire soit aux co-riverains, soit aux propriétaires supérieurs ou inférieurs : *damnum injuria datum sine jure* (2). M. Demolombe ne parle que des riverains inférieurs (3) ; mais les travaux peuvent nuire égale-

(1) *Art.* 538. Les chemins, routes et rues à la charge de l'Etat, *les fleuves et rivières navigables ou flottables*, les rivages, lais et relais de la mer....... sont considérés comme des dépendances du domaine public.

(2) Inst., lib. 4, tit. 3 et 4.

(3) Demolombe, *des Servitudes*, t. I, N° 170.

ment aux propriétaires supérieurs, par exemple, si un barrage retarde l'écoulement de l'eau et la fait refluer en amont (1).

2° Les propriétaires d'une rive ou de deux rives doivent se conformer aux règlements de l'autorité administrative qui a un droit supérieur de surveillance et de direction sur tous les cours d'eau. C'est un droit de surintendance et de police auquel nul ne peut se soustraire (2). Tous les auteurs sont d'accord sur le principe.

3° Les droits des riverains sur les cours d'eau peuvent toujours être modifiés par des conventions particulières. C'est ainsi qu'un riverain peut transmettre au propriétaire d'un fonds non riverain la quantité d'eau dont il lui est permis de disposer pour son propre héritage. La seule objection qui puisse être faite à cette solution consiste à dire que le droit d'usage accordé par l'article 644 s'applique directement et exclusivement au fonds riverain; qu'il est qualifié par la loi de servitude dérivant de la situation des lieux, de servitude naturelle, et que par conséquent il ne peut être déplacé ni modifié dans son application. Mais nous avons déjà remarqué qu'il ne fallait pas assimiler aux servitudes proprement dites les charges ou droits qui dérivent de la situation naturelle des lieux. Ces droits d'usage après tout sont établis dans l'intérêt privé des riverains; or chacun est libre d'engager son intérêt personnel, d'y renoncer même, dès qu'il n'engage ni ne met en péril l'intérêt d'autrui. Personne, sans doute, ne conteste que la renonciation au droit d'irrigation ne puisse avoir lieu au profit des riverains inférieurs. Mais alors pourquoi n'admettre point la cession du même droit au profit d'une autre personne, dès qu'elle n'apporte aucun préjudice à la condition légale des autres riverains?

(1) Loi des 28 sept. — 6 oct. 1791, tit. 2, art. 25.

(2) Lois des 22 sept. 1789; 12-20 août 1790, ch. 9; 6 oct. 1791, tit. 2, art. 16; 14 flor. an XI; 16 sept. 1807; décret du 25 mars 1852.

(3) Cass., 29 nov. 1854. *Gazette des Tribunaux* du 2 déc. 1854. — Henrion de Pansey, *Compét. des Juges-de-Paix*, ch. XXVII. — Dubreuil, Nos 91 et 121. — Duranton, t. V, Nos 215, 216. — Ducaurroy, Bonnier et Roustaing, t. II, N° 271. — Demante, t. 2, N° 495 bis. — Pardessus, t. 1, N° 107. — Daviel, t. II, Nos 548 et 664.

4° Quant à la prescription, comme le droit de jouir des eaux est un droit de pure faculté qui est imprescriptible, la possession, quelque longue qu'elle ait été, de l'usage exclusif des eaux de la part d'un riverain inférieur, ne suffit pas pour faire perdre aux propriétaires supérieurs leurs droits à l'usage de cette eau, pas plus que le riverain supérieur d'un cours d'eau, ne peut acquérir par prescription l'usage exclusif ou absorbant du cours d'eau au préjudice du riverain inférieur.

Il faut donc quelque chose de plus; il faut qu'à la possession de celui qui veut prescrire ou à l'inaction de celui contre qui on veut prescrire vienne se joindre une contradiction formelle et suffisante pour mettre ce dernier en demeure de faire valoir son droit. On trouvera une contradiction formelle et suffisante dans l'établissement de travaux permanents dont l'apparence d'ailleurs ne laissera aucun doute sur la volonté de celui qui les aura faits. Ce sera, par exemple, un fossé, une écluse, un barrage, dont l'aménagement aura rendu matériellement impossible au riverain d'un cours d'eau l'exercice de son droit (1). N'est-il pas naturel, si le droit à l'eau d'une source peut s'acquérir par prescription à l'encontre du propriétaire de la source au moyen de travaux apparents, d'admettre une prescription analogue à l'encontre d'une personne qui a sur l'eau, non point un droit de propriété, mais un simple droit d'usage?

Ces règles générales une fois posées, nous diviserons l'étude des articles 644 et 645 en quatre paragraphes, et nous nous demanderons successivement :

1° A quelles eaux les articles 644 et 645 sont-ils applicables?

2° Quels sont les droits que l'article 644 § 1 confère aux propriétaires dont les fonds sont bordés par une eau courante?

(1) Cass., 4 avril 1842. J. P., 1842, I, 556. — Cass., 26 fév. 1844. S., 1844, I, 779. — Cass., 4 mars 1846. S., 1846, 1, 481. — Cass., 15 fév. 1860. S., 1861, I, 56. — Proudhon, *du Domaine public*, t. III, Nos 1095, 1096, 1879, et t. IV, N° 1485. — Dubreuil, *Législation des eaux*, liv. III, Nos 128, 129. — Duranton, t. V, N° 224. — Demante, *Cours analytique*, t. II, N° 495 *bis*. — Bertin, *Code des irrigations*, p. 27.

3° Quels sont les droits que l'article 644 § 2 confère aux propriétaires dont les fonds sont traversés par une eau courante?

4° En quoi consiste le pouvoir réglementaire dont l'autorité judiciaire est investie par l'article 645?

§ Ier. — A quelles eaux les articles 644 et 645 sont-ils applicables?

Aux termes mêmes de l'article 644, les propriétaires riverains n'ont de droit à prétendre que sur *l'eau courante autre que celle qui est déclarée dépendance du domaine public*. L'article 644 ne s'applique donc pas :

Aux eaux pluviales,

Aux eaux des lacs, étangs ou réservoirs,

Aux cours d'eaux navigables et flottables,

Aux eaux des canaux artificiels même établis dans un but privé.

Que les articles 644 et 645 ne s'appliquent pas aux *eaux pluviales*, cela n'est pas douteux. L'expression *eau courante* est trop significative par elle-même pour qu'il soit possible d'appliquer l'article aux eaux pluviales, lesquelles assurément peuvent suivre la pente naturelle du sol et présenter même l'apparence d'un écoulement régulier, mais n'offrent point cette permanence, cette fixité de niveau, qui sont le caractère distinctif des eaux vives. Eparses ou réunies dans un canal, les eaux pluviales qui sont *res nullius* peuvent, par l'effet d'une occupation complète et véritable, être absorbées par celui qui les retient, tandis que les eaux courantes ne sont susceptibles que d'un droit d'usage plus ou moins étendu à titre de *res communes*.

L'article 644 ne s'applique point davantage aux eaux des *lacs*, des *étangs* ou des *réservoirs*. Il y a là autant de propriétés privées à respecter, contre lesquelles ne sauraient prévaloir l'utilité du fonds riverain.

Quant aux *fleuves navigables et flottables*, ils font partie du domaine public, et comme tels, ne tombent pas sous le coup de l'article 644 qui admet formellement cette exception. Ces eaux ne pouvaient en effet devenir l'objet de droits privés : leur affectation essentielle aux intérêts généraux du pays s'y opposait. Nous avons vu que ce principe était déja observé en Droit Romain. *Si flumen navigabile sit, non oportere prætorem concedere ductionem ex eo fieri Labeo ait, quo flumen minus navigabile efficiat* (1). La même solution fut admise dans notre ancien droit français. Nous trouvons en effet dans une instruction de 1326 que « nulle personne, de quelque état ou quelque condition qu'elle soit, ne peut faire ou avoir fossé ou champleure qui boive en rivière. » L'ordonnance de 1669 est encore plus formelle : « Défendons à toutes personnes de détourner l'eau des rivières navigables ou flottables ou d'en affaiblir et altérer le cours par des tranchées, fossés ou canaux, à peine par les contravenants d'être punis comme les usurpateurs, et les choses réparées à leurs dépens (2). »

La Constituante abandonna ce principe; le Code rural de 1791 établissait que « nul ne peut se prétendre propriétaire exclusif des eaux d'un fleuve ou d'une rivière navigable ou flottable; en conséquence, tout propriétaire riverain peut, en vertu du droit commun, y faire des prises d'eau, sans néanmoins en détourner ni embarrasser le cours d'une manière nuisible au bien général et à la navigation établie (3). » Ainsi, liberté absolue : le riverain peut établir sa prise d'eau sans avoir besoin de demander, comme autrefois, une concession à l'autorité supérieure. L'administration pouvait uniquement s'appuyer sur les lois de 1789 et de 1790, sur le texte même du Code de 1791 pour contraindre les riverains à supprimer

(1) L. 10, § 2, *de aqua*. — L. 2, *de fluminibus*.

(2) Ord. 1669, tit. XXVII, art. 44.

(3) Code rural, art. 4, sect. 1.

les prises d'eau qui entravaient la navigation ; mais elle n'avait le droit de prendre aucune mesure préventive en imposant aux riverains telles ou telles conditions et surtout en exigeant d'eux le payement d'une redevance pécuniaire.

Cet état de choses ne dura que peu d'années. L'arrêté du Directoire du 19 ventôse an VI vint ramener le droit des riverains à ce qu'il était avant la Révolution : « Les administrations centrales veilleront pareillement à ce que nul ne détourne le cours des eaux des rivières et canaux navigables ou flottables et n'y fasse des prises d'eau ou saignées pour l'irrigation des terres qu'après y avoir été autorisé par l'administration centrale et sans pouvoir excéder le niveau qui y aura été déterminé (1) ». Enfin l'article 644 dit que celui dont la propriété borde une eau courante déclarée dépendance du domaine public par l'article 538 ne peut s'en servir pour l'irrigation de ses propriétés s'il n'a obtenu une concession administrative (2).

Il est évident que l'État, propriétaire et maître des rivières navigables, peut discrétionnairement disposer des concessions au profit des propriétaires riverains ou non riverains avec lesquels il lui plaît ou avec lesquels il lui est possible de traiter, et aux conditions qu'il juge les plus avantageuses. De plus, l'excédant disponible, après que toutes les concessions anciennes sont satisfaites peut encore être l'objet d'une concession nouvelle. Et enfin, à l'autorisation de prise d'eau se trouve virtuellement attachée une sorte de condition résolutoire. La concession pourra être révoquée par l'administration si les nécessités du service de la navigation l'exigent, ou si le concessionnaire ne se conforme point aux dispositions du décret d'autorisation qui règle l'exercice du droit concédé.

L'exclusion qui s'attache à l'eau courante faisant partie du domaine public, n'atteint point les cours d'eau qui ne sont flottables

(1) Art. 10, arrêté du 19 ventôse, an VI.

(2) Il est même à remarquer qu'ici l'autorisation préalable est encore plus nécessaire que dans le cas d'établissement d'une usine, celle-ci se servant généralement de l'eau sans en diminuer le volume, tandis que l'irrigation ne peut avoir lieu sans occasionner une consommation ou une déperdition plus ou moins notable (Nadault de Buffon, t. II, p. 416).

qu'à bûches perdues, les affluents non navigables ni flottables de cours d'eau déclarés d'ailleurs navigables ou flottables, non plus que les portions mêmes de ces cours d'eau auxquelles n'aurait pas été étendue la déclaration de navigabilité. En cette matière, la doctrine romaine qui appliquait l'interdit de la navigation au *flumen per quod fieret aliud navigabile* (1), serait par trop favorable à la domanialité, car sous prétexte que ce sont les petites rivières qui font les grandes, tous les cours d'eau sans exception deviendraient publics (2). L'administration, du reste, trouve dans la faculté de remonter la ligne de démarcation à partir de laquelle commence pour le cours d'eau le caractère public de rivière navigable ou flottable, les moyens de pourvoir promptement et sûrement aux nécessités des services publics (3).

Enfin nous écarterons du cadre de l'article 644 les eaux des *canaux artificiels*, que ces canaux appartiennent à l'État ou qu'ils appartiennent à des particuliers (4); parce que là encore le riverain du canal rencontre une propriété privée, une propriété qui s'est établie par voie d'occupation, et que généralement la condition du contact direct et immédiat de l'eau et de l'héritage voisin fait défaut.

Le plus souvent, en effet, les berges ou francs bords accessoires nécessaires du canal, servent de séparation; et l'on ne peut dire que l'héritage est bordé ou traversé par l'eau courante dans le sens de l'article 644 (5). D'après ce texte, il faut être propriétaire de fonds contigus au cours d'eau pour exercer les droits d'usage qui y sont mentionnés. Aussi le raisonnement qui s'applique subsidiaire-

(1) L. 10, § 2, *de aqua*. — L. 2, *de fluminibus*.

(2) Demolombe, *des Servitudes*, t. 1, N° 125.

(3) Duranton, t. V, Nos 201 à 204. — Chardon, *de l'Alluvion*, N° 87. — Ballot, *Revue pratique*, 1858, t. V, p 58. — Daviel, t. I, Nos 89 et 89 bis. — Demolombe, *des Servitudes*, t. I, Nos 123 à 126.

(4) Cass., 25 mars 1868.

(5) Duranton, t. V, Nos 236 et 237. — Demante, *Cours analyt.*, t. II, N° 495 *bis*. — Mercadé, *sur l'art.* 644. — Pardessus, t. I, N° 111. — Demolombe, *des Servitudes*, t. I, N° 127.

ment au canal creusé de main d'homme à raison de la berge ou des francs bords, est-il plus fondé encore en ce qui concerne le chemin public ou le chemin privé servant de séparation entre une propriété et l'eau courante.

Pour refuser d'une manière aussi absolue l'usage de l'eau au propriétaire voisin d'un canal artificiel, nous avons évidemment supposé que celui dans l'interêt duquel le canal était établi, était propriétaire de ce canal, de son lit et de ses bords (1).

Supposant au contraire que le canal est la propriété de celui dont il traverse ou borde le fonds, en sorte que l'industriel qui en tire profit exerce un simple droit de servitude d'aqueduc, nous devrons reconnaître au riverain du canal le droit de faire tous actes compatibles avec l'exercice de cette servitude d'aqueduc. Et aussi bien la servitude sera limitée par les besoins du fonds dominant.

Mais comment reconnaître si c'est une simple servitude d'aqueduc qui a été établie, ou si au contraire la propriété des fonds occupés par le canal appartient au propriétaire des fonds dans l'intérêt duquel les eaux sont amenées?

Écartons tout d'abord une hypothèse qui ne peut faire difficulté, celle où le canal n'est pas un ouvrage entièrement artificiel; par exemple, il emprunte sur une partie de son trajet le lit d'une petite rivière; bien que des travaux aient été faits pour en élargir et rectifier le cours, pour en modifier les pentes et la direction, cette rivière n'en subsiste pas moins, et si les travaux entrepris n'ont pas le pouvoir d'en modifier le caractère, ils sont également impuissants à modifier les droits antérieurs des riverains; ces derniers continueront à jouir comme par le passé, sans avoir à se préoccuper de ce fait que la rivière sert de canal d'amenée à un établissement industriel (2).

Mais là où la question se pose avec toute sa difficulté, c'est lorsque le canal a été entièrement creusé de main d'homme. Elle

(1) Pardessus, t. I, N° 112. — Daviel, t. III, Nos 844 à 846. — Demolombe, t. I, N° 128.

(2) Cass., 25 avril 1854. S., 1854, I, 458. — Cass., 8 déc. 1866. S., 1867, I, 74. — Orléans, 18 déc. 1855. S., 1856, II, 840.

préoccupait déjà nos anciens auteurs ; Henrys notamment posait ce principe que le canal est une partie intégrante de l'usine ; et que dès lors le canal et l'usine ne peuvent appartenir à deux propriétaires différents. Il rapporte en ce sens deux arrêts du parlement de Paris des 13 décembre 1608 et 15 juillet 1656 : « Comme en cette province de Forez et en plusieurs autres, nous dit-il, un moulin ne peut être moulin sans sa prise d'eau, il s'ensuit aussi que sa prise d'eau est une partie nécessaire, intégrante et presque la principale, puisque sans elle le moulin serait inutile ; d'où il faut pareillement inférer que le béal ou canal qui conduit l'eau au moulin n'est pas seulement un simple accessoire ou dépendance, mais plutôt que c'en est une portion inséparable et qui, prise conjointement avec les bâtiments, ne fait qu'une même chose ; par conséquent, que celui qui est propriétaire du moulin l'est aussi du béal ou canal qui conduit l'eau ; que le sol lui appartient, et qu'il faut croire qu'avant que de bâtir le moulin il s'est assuré de la prise d'eau et du passage d'icelle ; que c'est un droit primitif et qui a dû être le premier dans l'exécution aussi bien que dans l'intention ; parce qu'en effet, celui-là serait ridicule qui, après avoir édifié un moulin, chercherait où prendre l'eau et où la faire passer. Il faut donc que cela précède, et il doit s'en assurer : c'est pourquoi le béal et l'endroit où il passe est toujours sensé joint au moulin et appartient au maître (1). »

Cette doctrine a été également enseignée depuis la promulgation du Code ; telle est l'opinion de MM. Merlin, Proudhon, Aubry et Rau. Ces auteurs s'appuient sur l'article 523, d'après lequel « les tuyaux servant à la conduite des eaux dans une maison *ou autre héritage* sont immeubles et font partie du fonds auquel ils sont attachés. » Or, dit-on, qu'est-ce que le canal d'amenée, sinon un tuyau servant à la conduite des eaux ? Il fait partie intégrante du fonds à l'usage duquel il est destiné, et par conséquent de l'usine qui est établie sur ce fonds (2). Une fois ce point de départ accepté,

(1) Henrys, *Recueil d'Arrêts*, t. II, suite du liv. IV, quest. 149, p. 825.

(2) Merlin, *Rep.*, v° *Bief*, § 12. — Proudhon, *Dom. publ.*, t. III, N° 1082. — Aubry et Rau, t. II, § 192, p. 162. — Langlade, v° *Servitude*, sect. II, § 1, N° 10.

plusieurs Cours d'appel sont allées jusqu'à juger qu'il suffit de conserver la propriété du moulin ou de l'usine pour ne jamais pouvoir perdre celle du canal ou de ses francs-bords, quels que soient les actes de possession que les riverains aient pu exercer sur le lit et les francs-bords de la dérivation, et encore bien que ces actes aient duré plus de trente ans (1).

Mais on recula bientôt devant une conséquence aussi exorbitante, qui dénotait l'exagération du principe, et aujourd'hui on se contente d'enseigner que le canal alimentaire est une partie accessoire de l'usine, dans les termes de l'article 546 du Code civil. Sans doute, il y a encore là pour le maître du moulin une cause attributive de propriété, mais du moins il s'agit d'une présomption simple, cédant en conséquence devant la preuve contraire tirée non-seulement des titres, mais encore de la possession et même de l'état des lieux (2). C'est à cette nuance de la première opinion que se rattachent toutes les décisions où la Cour suprême a eu occasion de statuer sur notre question (3).

Cette opinion a soulevé dans la doctrine de très-sérieuses objections. Il ne peut exister, dit M. Demolombe, de présomption légale de propriété en faveur du maître de l'usine; car aux termes de l'article 1350, la présomption légale est celle qui est attachée par une loi spéciale à certains actes ou à certains faits. Or le texte exprès sur lequel la présomption dont il s'agit ici aurait besoin de s'appuyer pour pouvoir être reconnue, ne se trouve nulle part dans nos lois (4). Sans doute, l'existence d'un moulin sur un canal

(1) Paris, 12 fév. 1830. — Lyon, 17 juin 1830. — Toulouse, 30 janv. 1833. S., 1833, II, 379. — Paris, 24 juin 1834. S., 1835, II, 288.

(2) Dubreuil, *Législ. des eaux*, t. I, N° 164. — Pardessus, *Servit.*, t. I, N° 111. — Garnier, *Rég. des eaux*, t. II, p. 229. — Chardon, *de l'Alluv.*, ch. 8, Nos 25 et 26.

(3) Cass., 13 juill. 1832. — Cass., 21 déc. 1830. — Cass., 18 août 1850. S., 1850, I, 721. — Cass., 5 mai 1857. S., 1857, I, 885. — Cass., 24 déc. 1860. S., 1862, I, 977. — Cass., 10 juillet 1861. S., 1861, I, 862. — Cass., 19 août 1863. S, 1864, I, 18.

(4) Demolombe, *des Servitudes*, t. I, N° 181.

donne lieu de présumer, d'après l'article 546 précité, un droit sur ce canal au profit du maître du moulin ; mais il ne résulte pas des termes de cet article que ce droit soit plutôt un droit de propriété qu'un droit de servitude; car, ce qui en réalité dans un canal alimentaire forme l'accessoire du moulin, c'est simplement le volume d'eau indispensable au jeu de l'usine. Mais cette base légale qui manque ainsi aux prétentions du maître du moulin, ne fait pas défaut aux riverains. Ils peuvent, à leur avantage, invoquer l'article 552 du Code civil, qui veut que la propriété du sol emporte la propriété du dessus comme du dessous, d'où suit que le propriétaire du terrain sur lequel le canal a été établi, est présumé propriétaire du lit et des bords du canal, ainsi que des eaux qui y sont contenues (1).

Telles sont les deux opinions principales qui se sont produites. Quant à nous, nous inclinons plutôt vers un troisième système indiqué par MM. Bourguignat et Batbie, et développé par M. Devilleneuve dans sa note sous l'arrêt du 18 août 1863. En l'absence d'aucun texte qui soit venu trancher la question, nous dirons que toute présomption soit en faveur de l'usinier, soit en faveur du riverain, nous semble inadmissible; la question ne pourra jamais être jugée que d'après les titres ou les faits de la possession, et la preuve devra être faite par celle des deux parties qui jouera le rôle du demandeur: *onus probandi ei incumbit qui agit.*

Il n'y a pas de présomption en faveur des riverains; en effet l'article 552 qu'ils invoquent, disant que la propriété du sol emporte la propriété du dessus comme du dessous, n'aurait de valeur que si le litige portait seulement sur la propriété des eaux contenues dans le canal, et non pas sur la propriété du lit en même temps que des eaux de ce canal. Le propriétaire du sol sur lequel coulent les eaux dérivées est à coup sûr le propriétaire de celles-ci, mais à qui de l'usinier ou des riverains appartient le sol? C'est ce que l'article 552 ne résout pas.

(1) Duranton, t. V, N° 240. — Daviel, t. III, Nos 883 *bis* et 884. — Cotelle, *Dr admin.*, 1re *édit.*, t. I, p. 280. — Demolombe, t. I, Nos 129 et suiv.

D'autre part il n'y a pas de présomption en faveur de l'usinier. En vain invoque-t-il l'article 523 ; cet article nous dit bien que les tuyaux servant à la conduite des eaux font partie du fonds au service duquel ils sont destinés ; mais il laisse tout entière la question de savoir à qui de celui-ci ou du propriétaire de l'aqueduc appartient le sol sur lequel repose la conduite d'eau (1). L'usinier ne perd pas la propriété de la chose qu'il a apportée sur le fonds d'autrui, voilà tout. Mais en résulte-t-il qu'il ait acquis un droit de propriété sur une partie de ce fonds ? C'est ce que ne dit pas l'article 523.

D'autre part la question n'est pas mieux résolue par l'article 546 relatif à l'accession des choses mobilières ; nous ne voyons pas en quoi le canal doit être réputé l'accessoire de l'usine, plutôt que l'accessoire des héritages qu'il borde et qu'il traverse. Physiquement parlant, ne s'unit-il pas directement à ceux-ci aussi bien qu'à celle-là.

Dira-t-on que le canal est plus nécessaire, plus indispensable au jeu de l'usine qu'à l'irrigation des propriétés riveraines. L'argument n'a guère de portée ; en effet tout ce qui en résultera, c'est que le droit de l'usinier aura plus d'étendue que celui des autres riverains ; les besoins de son héritage étant plus grands, l'exercice du droit afférent à cet héritage sera proportionnel à ses besoins, et c'est dans cette mesure qu'il sera souffert par les autres communistes. Il absorbera une quantité d'eau plus considérable, soit, mais il ne pourra sous ce prétexte prétendre à un droit exclusif et soutenir que le canal ne peut être l'accessoire que de son seul établissement.

Or, s'il en est ainsi, et si l'article 546 ne saurait être invoqué par les usiniers plutôt que par les riverains, ne faut-il pas en conclure que la question qui nous occupe n'est pas de celles qui doivent être régies par des principes et par des solutions arrêtés *a priori* ; nous nous trouvons ici dans le pur domaine du fait, et le juge jouit

(1) Pardessus, *loc. cit.*

du pouvoir le plus discrétionnaire pour apprécier les droits et les prétentions de chacun (1).

§ II. — Des fonds bordés par une eau courante.

Aux termes de l'article 644, « celui dont la propriété borde une eau courante peut s'en servir à son passage pour l'irrigation de ses propriétés. » La comparaison des deux alinéas de l'article 644, et l'expression *à son passage* que nous recontrons au premier de ces alinéas, démontrent avec évidence que celui dont la propriété borde seulement l'eau courante n'est point autorisé à en déplacer le lit, et qu'il lui est interdit de détourner même accidentellement le cours de l'eau. Mais il lui est loisible de pratiquer des saignées, des rigoles, des canaux ou autres ouvrages destinés à amener l'eau sur son fonds, en tant que ces opérations ne nuisent point aux autres riverains et ne constituent point des contraventions aux usages ou règlements établis. *Ex flumine aquam ducere plures possunt ita tamen ut vicinis non noceant* (2).

Peut-il appuyer un barrage sur la rive opposée? Jusqu'à la loi du 11 juillet 1847, cette question a été vivement controversée. MM. Pardessus et Proudhon soutenaient l'affirmative. Sans cette faculté, disaient-ils, le droit d'irrigation ne pourrait pas s'exercer dans un grand nombre de circonstances; car rien de plus fréquent que la surélévation des fonds riverains par rapport aux cours d'eau (3). Mais c'était là imposer au fonds coriverain une servitude

(1) Bourguignat, t. I, N° 111. — Batbie, t. V, N° 371. — Devilleneuve, 1864, I, 18.

(2) L. 3, § 1, *de aqua quotid. et æstiva.* — Delvincourt, t. I, p. 380. — Duranton, N° 209. — Demolombe, t. I, Nos 144 et 145.

(3) Pardessus, *des Servitudes*, t. I, N° 105. — Proudhon, *du Domaine public*, t. IV, N° 1448.

qu'aucun texte n'établissait, et qui ne résultait même pas implicitement du droit d'irrigation. Ce qui le prouve c'est qu'il a fallu une loi pour établir cette servitude, la loi du 11 juillet 1847 (1). Aujourd'hui la question est donc définitivement tranchée. Le propriétaire riverain, qui veut irriguer ses propriétés situées en contrehaut de la rivière peut, moyennant le paiement d'une indemnité, appuyer un barrage sur le fonds situé de l'autre côté de l'eau. S'il ne veut pas acquérir cette faculté d'appui, il peut faire dans le lit de la rivière des travaux s'avançant au-delà du fil de l'eau, mais ne joignant pas la rive opposée, pourvu qu'il ne nuise pas aux autres riverains.

Le propriétaire riverain peut-il dériver les eaux sur son héritage au moyen d'une prise d'eau établie sur un fonds supérieur, avec le consentement du propriétaire de ce fonds? On a dit non, et l'on s'est basé sur les termes de l'article 644 qui n'accorde aux riverains le droit d'user des eaux de la rivière qu'*à leur passage*, c'est-à-dire, sur les berges mêmes du fonds à irriguer. Tel n'est pas cependant l'esprit de la loi qui, en décidant que le riverain ne peut se servir de l'eau qu'à son passage, a seulement voulu lui défendre d'en détourner le cours, sans qu'il puisse en résulter l'obligation pour chaque riverain de pratiquer ses rigoles et ses saignées vis-à-vis de son fonds lui-même. D'autre part l'article 644 accorde au propriétaire bordier un droit absolu et sans condition. Or, ainsi que nous l'avons déjà vu, il se rencontre nombre de cas où le fonds inférieur étant très-élevé au-dessus du cours d'eau, il eût fallu pour l'y amener un ouvrage considérable; au contraire, en remontant, le niveau de la terre et de l'eau se rapprochant, la rigole sera facile à établir, et conduira l'eau sans peine et sans dommage pour les riverains opposés à travers les prairies inférieures contiguës. La

(1) Tout propriétaire qui voudra se servir, pour l'irrigation de ses propriétés, des eaux naturelles ou artificielles dont il a le droit de disposer, pourra obtenir d'appuyer sur la propriété du riverain opposé les ouvrages d'art nécessaires à sa prise d'eau, à la charge d'une juste et préalable indemnité. (Art. 1er, l. 11 juillet 1847.)

loi du 29 avril 1845, nous fournit d'ailleurs un excellent argument(1). A quoi donc servirait cette loi, si elle n'impliquait pas le passage pour les eaux dont on peut user? Le riverain a-t-il droit à l'eau pour l'irrigation? Oui, suivant le vœu exprès de l'article 644. Cela étant, ce riverain trouve dans la nouvelle loi le moyen d'utiliser un droit incontestable. « Nier cela, disait devant la Chambre des pairs le ministre de l'agriculture et du commerce, serait se refuser à l'évidence des faits. Le riverain a un droit d'usage, et ce droit serait pour lui sans utilité, car son voisin en empêcherait l'exercice!... Le législateur n'a pu vouloir un non-sens et créer des propriétés et des droits impossibles (2). »

L'article 644 accorde à celui dont la propriété borde une eau courante, le droit de s'en servir pour l'irrigation de ses propriétés. Nul doute que ce riverain ne puisse irriguer en même temps diverses pièces de terre qui, malgré la différence des cultures, forment un seul tout et adhèrent sans solution de continuité à la pièce vraiment riveraine. L'expression *ses propriétés* autorise formellement cette interprétation.

Mais doit-on en étendre la portée, et le riverain pourra-t-il, avec le consentement du propriétaire intermédiaire ou en invoquant le loi du 29 avril 1845, appliquer à d'autres propriétés non riveraines le bénéfice de l'irrigation? Dans le sens de la négative on a dit que les mots *celui dont la propriété borde...* indiquaient une restriction et que les avantages de l'irrigation inhérente aux fonds riverains n'avaient point leur raison d'application à des terres qui ne souffraient point du voisinage de la rivière. Mais l'affirmative ne paraît plus douteuse depuis la loi du 29 avril 1845 qui, en constituant la servitude de passage pour les eaux dont le propriétaire a le droit de disposer, a par cela même décidé que l'usage de ces

(1) Tout propriétaire qui voudra se servir pour l'irrigation de ses propriétés, des eaux naturelles ou artificielles dont il a le droit de disposer, pourra obtenir le passage de ces eaux sur les fonds intermédiaires, à la charge d'une juste et préalable indemnité. (Art. 1er, l. 29 avril 1845).

(2) *Moniteur* de 1845, N° 110, p. 1045.

eaux n'était point limitativement attribué aux fonds bordés ou traversés par le cours d'eau (1). Toute la difficulté se concentre aujourd'hui sur le point de savoir quel est le volume d'eau dont le propriétaire pourra réclamer l'usage.

Du droit reconnu au profit du propriétaire riverain de transmettre les eaux à sa propriété non riveraine, nous concluons à la légalité de la cession qu'il consentirait de son droit au profit d'un propriétaire non riverain. Non seulement cette solution n'est point contredite par la logique, mais encore elle est conforme au texte de l'article premier de la loi de 1845. Cet article décide que *tout propriétaire*, et non point *tout propriétaire riverain*, peut obtenir, pour les eaux dont il a le droit de disposer, le passage sur les propriétés intermédiaires. Et la légalité d'une pareille cession est d'autant moins douteuse que le système contraire restreindrait l'application de la loi de 1845 dans une mesure tout-à-fait contraire aux intentions de ses rédacteurs. Cette cession ne peut d'ailleurs avoir lieu que sous les conditions et dans les limites où le propriétaire riverain aurait pu lui-même irriguer sa propriété non riveraine (2). *Nemo plus juris in alium conferre potest quam et ipse habet.*

Si l'un des riverains qui n'avait d'abord qu'une propriété de très-peu d'étendue sur les bords d'un cours d'eau, devient ensuite propriétaire d'un domaine contigu à sa propriété, son droit d'irrigation s'étendra-t-il aux terrains nouveaux qui n'étaient pas arrosés avant son acquisition? Pour soutenir la négative, on argumente du principe posé par la loi 24 au Digeste *de servitutibus prædiorum rusticorum*. Une servitude conventionnelle n'est due qu'au fonds pour lequel elle est établie; elle ne saurait être aggravée par le résultat des augmentations que le fonds dominant pourrait recevoir.

Mais à cet argument il est facile de répondre avec M. Demolombe

(1) Lyon, 15 nov. 1854. S., 1855, II, 78. — Demante, t. II, N° 495 *bis*. — Demolombe, t. I, N° 150.

(2) Duranton, t. V, Nos 231 à 238. — Daviel, t. II, N° 590. — Dubreuil, t. I, N° 121. — Demolombe, t. I, N° 151.

que ce serait confondre deux ordres de principe très-différents, que d'assimuler aux servitudes conventionnelles les droits d'usage sur les cours d'eau que la loi concède aux riverains; ces concessions n'ont pas le véritable caractère de servitude, ce sont des attributs de la propriété riveraine. Or, l'article 644 confère l'usage des eaux à toute propriété riveraine sans avoir égard à l'étendue ou à la nature d'exploitation des fonds réunis ou divisés qui la composent. Soutenir qu'on doit considérer l'état primitif des fonds pour déterminer les droits des riverains, c'est, comme le dit très-bien M. Daviel, vouloir remonter au déluge. D'ailleurs, ajoute M. Demolombe, ne peut-il pas arriver que les fonds, qui viennent d'être réunis, aient constitué originairement une seule propriété, et que cette réunion ne soit elle-même qu'un retour à l'état primitif? Ou encore, indépendamment de toute circonstance de ce genre, que le riverain de l'autre côté ait une propriété beaucoup plus étendue que celle de son coriverain, même après l'augmentation dont il se plaint, et qu'il continue, en conséquence, d'absorber une bien plus grande quantité d'eau que lui.

Aussi n'hésitons-nous pas à admettre que le propriétaire, qui augmente ses propriétés, a le droit de prendre une masse d'eau plus grande en proportion de leurs besoins. D'autant plus que l'article 645 est toujours là pour empêcher l'abus et la fraude, en confiant aux magistrats l'équitable distribution des eaux d'irrigation (1).

En sens inverse on s'est demandé si, en cas de division du fonds riverain, par l'effet d'un partage ou de tout autre mode d'aliénation, les parties qui cessent d'être riveraines continuent néanmoins d'avoir droit à l'eau courante pour l'irrigation. Si le titre le leur attribue, ou si, en l'absence de titre, il existe une rigole, un fossé, un travail apparent destiné à conduire l'eau à ces parties désormais non riveraines, il faut décider qu'elles continueront d'y avoir droit comme par le passé. Ce n'est pas là une création *a novo*, une attri-

(1) Daviel, t. II, N° 587. — Bertin, *Code des Irrigations*, Nos 70 à 74. — Demolombe, t I, N° 152.

bution du droit à un fonds qui ne l'a jamais eu ; c'est la conservation de l'état préexistant. Le propriétaire qui a divisé son héritage, a pu mettre à son aliénation la condition qui lui a plu, y maintenir le droit d'irrigation qui y était attaché antérieurement. L'intérêt général confirme cette solution (1). Ajoutons que cette réserve expresse ou tacite est opposable aux coriverains, propriétaire latéraux d'amont ou d'aval, à raison de ce que ces coriverains eux-mêmes ne peuvent invoquer l'acte d'aliénation ou de partage sans qu'on leur oppose la réserve, la condition qui en est inséparable. Ils sont obligés de prendre l'acte dans son entier : ils ne peuvent l'accepter pour partie et le répudier pour le reste sans se mettre en contradiction avec eux-mêmes (2).

On admet assez généralement que malgré le texte de l'article 644, qui ne parle que de l'irrigation, le propriétaire riverain peut, dans une mesure modérée, employer l'eau à des usages d'utilité domestique, comme l'établissement d'un lavoir, d'un vivier, ou même de simple agrément, comme un bassin dans un parc, la pratique montre même que les eaux peuvent être utilisées pour l'exercice d'une profession ou d'une industrie qui en nécessiterait l'emploi, telle qu'une blanchisserie, une teinturerie, une tannerie, etc. Ce sont là, comme le dit M. Demolombe, des facultés naturelles que notre article 644 n'avait pas besoin de concéder, et qu'évidemment il présuppose. Se présente-t-il, d'ailleurs, des abus ; l'eau est-elle en trop grande quantité détournée et retenue pour l'entretien d'un étang par exemple, les propriétaires co-riverains peuvent toujours s'adresser aux tribunaux et demander un règlement des eaux, conformément à l'article 645 (3).

(1) Bertin, *Code des Irrigations*, Nos 77 et 78. — Demolombe, t. I, N° 153.

(2) Proudhon, *du Domaine public*, N° 1259. — Daviel, t. II, N° 590, et t. III, N° 770. — Duranton, t. V, N° 234. — Demolombe, t. 1, N° 154.

Secùs Pardessus, t. I, N° 106. — Bertin, *Code des Irrigations*, Nos 77 et 78.

(3) Garnier, t. II, N° 83. — Proudhon, *du Domaine public*, t. IV. N° 1425. — Daviel, t. II, N° 625. — Duranton, t. V, N° 226. — Demolombe, t. I, Nos 156 et 157.

Secùs Hennequin, t. I, p. 421. — Toullier, t. II, N° 141. — Demante, t. II, N° 495 *bis*. — Marcadé, *sur l'art.* 644.

Toute la question se réduit donc pour nous à une question de fait. Le riverain emploie-t-il les eaux d'une manière nuisible aux droits de son voisin, l'action de ce dernier est fondée. Sinon il est non recevable. Aussi M. Demolombe, dit-il avec raison que le riverain d'un seul côté pourrait, *avec le consentement du riverain qui lui fait face*, user de l'eau tout aussi bien que s'il était lui-même riverain des deux côtés, et par exemple la faire entrer et serpenter dans son fonds, à la charge seulement de la rendre ensuite à son cours ordinaire, comme le veut le second alinéa de l'article 644(1). On ne comprendrait pas en effet pourquoi ce droit qui lui appartiendrait évidemment, s'il devenait par vente ou par donation propriétaire du terrain opposé, ne lui appartiendrait pas également lorsque le propriétaire de ce terrain renonce en sa faveur à son droit d'usage sur les eaux. Les deux riverains ont à eux deux, peut-on dire, les mêmes droits que le riverain, dont le fonds est traversé par le cours d'eau, peut exercer à lui seul. Il n'importe au propriétaire inférieur que l'eau soit employée par l'un ou par l'autre, dès qu'un seul n'en use pas autrement que les deux ensemble n'auraient le droit d'en user. Nous supposons, bien entendu, que les eaux sont restituées à leur cours ordinaire à la sortie du fonds, conformément au second alinéa de l'article 644.

Toutefois M. Demolombe va peut-être un peu loin, lorsqu'il ajoute que le riverain d'un seul côté pourrait détourner le cours d'eau dans son fonds, *indépendamment même de tout consentement de la part du riverain latéral*, si celui-ci n'éprouvait aucun préjudice et n'avait dès lors pas d'intérêt à s'y opposer. C'est, suivant nous, étendre trop les conséquences du droit de celui qui ne possède qu'une seule rive. Il est possible que le riverain opposé ait une rive trop escarpée pour qu'il puisse user de l'eau pour l'irrigation, mais il a la pêche, il peut avoir un bateau, admettons même qu'il n'ait que la vue de l'eau, cette vue seule est une valeur pour la propriété, et cela suffirait pour empêcher le propriétaire riverain d'un seul côté de détourner les eaux.

(1) Demolombe, t. I, N° 162.

M. Proudhon, par d'autres motifs, est aussi d'un avis opposé à celui qu'enseigne M. Demolombe. Il pense qu'une telle solution est non-seulement contraire au texte même de l'article 644, mais qu'elle n'est pas juste au fond, « parce qu'il est incontestable, dit-il, que les propriétaires des fonds inférieurs ont droit à toutes les eaux qui découlent naturellement du fonds supérieur; d'où il résulte que si, parmi ces fonds, il y en a qui n'absorbent qu'une partie du fluide, ce sera une cause d'accroissement, ou plutôt de non-décroissement dans la masse dirigée vers la région inférieure (1). »

Le propriétaire d'un seul côté peut-il employer l'eau comme force motrice pour l'usage d'un moulin, d'une usine? Cette question divise la doctrine et la jurisprudence. Dans le sens de la négative, on dit que l'eau n'est plus ici considérée que comme un moyen de pression, tel que serait la vapeur, et que ces rapports primitifs et naturels qui existent entre l'eau considérée comme substance fluide et les fonds qu'elle borde n'existent pas entre elle et l'usine (2).

Cette solution nous paraît trop absolue, et nous croyons que toutes les fois qu'il n'en résultera aucun dommage pour les voisins, le riverain pourra se servir de l'eau comme force motrice pour faire marcher son usine ou son moulin. Sans doute l'article 644 ne confère expressément l'usage de l'eau que pour l'irrigation. Comme tant d'autres textes du Code, il prévoit spécialement le *quod plerumque fit*, l'usage le plus sérieux, celui qui est susceptible d'absorber la plus grande quantité des eaux d'une rivière. Toute la question se réduit, comme nous l'avons vu plus haut, à une question de fait: le riverain emploie-t-il ou non les eaux d'une manière nuisible au droit de ses co-riverains? Or nous supposons précisément que l'usine ne porte pas atteinte au droit d'usage des autres riverains, dans les limites où il leur est garanti par l'article 644; donc ils sont non recevables à prétendre, dans leur intérêt privé, que le riverain n'a pas pu construire une usine (3).

(1) Proudhon, *du Domaine public*, t. IV, N° 1486.

(2) Duranton, t. V, N° 227. — Proudhon, *du Dom. publ.*, t. II, N° 1167.

(3) Cass., 17 juin 1850. S., I, 202. — Daviel, t. II, N° 541. — Toullier, t. III, N° 119. — Troplong, *de la Prescription*, t. I, N° 146. — Demolombe, t. I, N° 160.

§ III. — Des fonds traversés par une eau courante.

Le propriétaire, dont une eau courante traverse l'héritage, a reçu de la loi des droits plus étendus que celui dont elle borde seulement la propriété. La loi ne détermine pas en effet pour lui, comme elle le fait pour le propriétaire riverain, l'espèce d'usage auquel il peut employer les eaux. Il peut donc non-seulement s'en servir pour l'irrigation de ses propriétés, mais il peut aussi en user *lato sensu* pour un but agricole, industriel, ou de simple agrément, dans l'intervalle parcouru, à la seule condition de rendre l'eau, à la sortie de ses fonds, à son cours ordinaire. La raison en est que le propriétaire de l'héritage traversé par le cours d'eau n'a plus naturellement devant lui, comme un simple riverain, le droit égal et réciproque du riverain latéral à reconnaître et à respecter. De ce droit ainsi étendu du propriétaire des deux rives, on peut donc conclure sans nul doute qu'il peut ériger et appuyer sur chacun des côtés tous les ouvrages d'art qui sont nécessaires à sa jouissance; on verra qu'en ce point son droit va plus loin que n'a été la loi du 15 juillet 1847, qui a créé le droit d'appui pour le simple riverain sur le bord opposé, mais qui ne l'a créé que dans l'intérêt de l'irrigation.

On peut ajouter que le propriétaire des deux rives peut en général employer toute la quantité d'eau dont il a besoin pour ses exploitations agricole ou industrielle, et n'est tenu de laisser aux propriétaires inférieurs que ce qui en reste après ses besoins satisfaits; il n'est tenu, d'après l'article 644, que de rendre à leur cours naturel les eaux qu'il n'a pas absorbées; il y a là pour lui un droit de préférence qui résulte de la situation naturelle de son fonds. Si le propriétaire dont le cours d'eau borde d'un seul côté l'héritage, ne peut user des eaux autant qu'il pourrait le désirer, cela résulte de sa position qui l'oblige à ménager les droits du propriétaire de la rive opposée ; mais il n'en est pas de même lorsqu'une personne a la propriété des deux rives (1).

Cette opinion a toutefois rencontré de vives objections chez un grand nombre d'auteurs et d'arrêts. On a dit qu'elle ne tenait aucun compte du retranchement des mots user *à sa volonté* que contenait la rédaction primitive du deuxième alinéa de l'article 644. Il fut amené par cette observation que l'un des propriétaires supérieurs pourrait se croire autorisé à s'emparer tellement des eaux, qu'il en absorbât l'usage et qu'il n'en laissât rien échapper vers les propriétés inférieures. On ajoute que la première interprétation rendrait assez peu explicable la disposition finale de l'article 644 qui prescrit la restitution de l'eau à son cours ordinaire et lui oterait à peu près toute son utilité pratique (2).

Pour nous, nous nous rangeons à l'opinion émise par M. Demolombe, d'après lequel, en pareille matière, il ne peut y avoir de système absolu, et le moyen le plus sage d'arriver à une solution tout à la fois équitable et juridique ne se trouve que dans l'article 645, qui charge les tribunaux de concilier les intérêts divers. « Ainsi, tout en maintenant le droit antérieur et préférable du propriétaire dont le fonds est traversé par le cours d'eau, il appartient au pouvoir réglementaire de tenir compte dans une équitable mesure des droits et des besoins des propriétaires inférieurs (3). »

Enfin, le propriétaire dont un cours d'eau traverse l'héritage peut en déplacer le lit et le faire serpenter dans son fonds, pourvu qu'il le rende à la sortie de son terrain à son cours ordinaire. Nous admettrons même avec MM. Demolombe et Pardessus que du consentement d'un propriétaire inférieur, il pourrait rendre l'eau à son cours normal par une sortie pratiquée sur le fonds de

(1) Demante, *Cours analyt.*, t. II, N° 495 *bis*. — Garnier, t. III, Nos 77 et 78.

(2) Cass., 12 fév. 1845, S., 1845, I, 596. — Pardessus, t. I, N° 106. — Proudhon, *du Domaine public*, t. IV, N° 1432. — Daviel, t. II, N° 584.

(3) Demolombe, t. I, N° 166. — Bertin, *Code des Irrigations*, Nos 61 et 118.

celui-ci. Il suffit que cette dérivation prolongée ne prive pas un autre propriétaire du voisinage de la rivière (1).

§ IV. — Des conditions et limites du pouvoir réglementaire des Tribunaux en matière de cours d'eau.

Il n'est pas de source plus féconde de querelles que l'état d'indivision. Aussi le législateur, dans l'intérêt des particuliers non moins que dans l'intérêt général de la société s'est-il efforcé de prévenir le désordre et l'anarchie en décidant dans l'article 815 que nul n'est obligé de rester dans l'indivision. Toutefois cet article 815 n'est applicable qu'entre co-propriétaires. Or les riverains des cours d'eau ne sont pas propriétaires de ces cours d'eau, ce sont des usagers, et comme ceux qui n'ont droit qu'à l'usage d'une chose, ne peuvent la partager, les riverains sont tenus de rester perpétuellement dans l'indivision. Le législateur, pour obvier autant que possible aux inconvénients de cette communauté forcée, institue une double autorité dont l'une représente d'une façon plus directe l'intérêt privé, c'est l'autorité judiciaire; l'autre, c'est-à-dire l'autorité administrative, est investie d'une mission de surveillance, de police, de prévoyance tutélaire, en vue de l'intérêt général, de la salubrité publique et du développement de la richesse nationale (2).

Examinons d'abord le pouvoir accordé aux tribunaux de l'ordre judiciaire. Ce pouvoir est ainsi réglé par l'article 645 : « S'il s'élève une contestation entre les propriétaires auxquels ces eaux peuvent être utiles, les tribunaux en prononçant, doivent concilier l'intérêt de l'agriculture avec le respect dû à la propriété ; et, dans tous les

(1) Pardessus, t. I, N° 105. — Demolombe, t. I, N° 167.

(2) Arrêts du Conseil d'État des 18 mars et 28 février 1867.

cas, les règlements particuliers et locaux sur le cours et l'usage des eaux doivent être observés. »

Cet article accorde aux tribunaux un pouvoir réglementaire qui n'est que la conséquence toute naturelle de leurs attributions; car ils sont toujours appelés à régler les difficultés qui s'élèvent entre plusieurs personnes qui ont un droit d'usage commun; or, ici comme partout ailleurs, leurs fonctions se bornent à terminer les contestations entre les riverains, en réglant leurs intérêts respectifs, et s'efforçant de les concilier, Mais ce sont, remarquons-le bien, des règlements particuliers qui n'ont force de loi qu'entre les parties, comme les règlements locaux dont l'article 645 consacre le maintien. En effet, les juges ne peuvent pas plus en matière de cours d'eau qu'en toute autre matière, statuer par voie de disposition générale et réglementaire (1); leur pouvoir est renfermé dans le jugement des intérêts privés qui leur sont soumis. A l'autorité administrative seule, et dans les limites de sa compétence, il appartient d'édicter des mesures générales par la voie des décrets et arrêtés.

L'article 645 par ces mots: « s'il s'élève une contestation entre les propriétaires auxquels ces eaux peuvent être utiles,... » nous indique encore qu'en cette matière comme en toute autre, les tribunaux ne doivent rendre de décision que s'ils y sont provoqués par la demande des parties intéressées. Mais une fois saisis de la contestation, ils ne peuvent refuser de dire droit entre les parties. En sens inverse s'ils ne peuvent se dispenser de dire droit entre les parties contendantes, leurs décisions ne peuvent non plus atteindre des droits qui n'ont pas été mis en cause; et il y aurait de leur part excès de pouvoir à réglementer la jouissance de personnes étrangères au procès (2).

Quant aux règles que doivent suivre les tribunaux pour mettre fin aux contestations, il faut distinguer suivant qu'il existe soit

(1) Il est défendu aux juges de prononcer, par voie de disposition générale et réglementaire, sur les causes qui leur sont soumises. (Art. 5, Cod, civ.)

(2) Cass., 25 nov. 1857.

des règlements particuliers soit des règlements locaux qui déterminent le mode de jouissance de chacun ou suivant qu'il n'en existe pas.

Les règlements particuliers sont les arrangements privés que les riverains ont pu prendre entre eux. Ils ont force de loi pour les riverains entre lesquels ils sont intervenus (1) et les tribunaux sont obligés de s'y conformer. Cela est de toute justice, car ainsi que nous l'avons établi plus haut, les riverains ont la pleine disposition de leurs droits d'usage sur les eaux, sous la réserve des droits des tiers et de la juridiction de police de l'Administration. Il faut appliquer le même principe aux droits privés, qui résulteraient valablement soit de la destination du père de famille, soit de la prescription (2).

Les réglements locaux dont l'article 645 prescrit aux tribunaux l'exacte observation s'il en existe, ne peuvent être que les règlements établis par l'autorité administrative pour toute l'étendue ou pour une portion notable d'un cours d'eau (3). Dès que ces règlements anciens ou nouveaux émanent d'une autorité investie du pouvoir de police ou de juridiction, dès qu'ils n'ont point été abrogés par des lois subséquentes, dès qu'ils constituent non point des jugements sur contestations privées ou de simples autorisations, mais des dispositions d'intérêt général, c'est un devoir pour les juges de s'y conformer, et s'il y a doute sur l'interprétation de ces actes, de renvoyer les parties à se pourvoir devant l'Administration (4). Il faut aussi assimiler aux règlements locaux les anciens usages non écrits, pourvu qu'ils soient constants et reconnus (5).

(1) Art. 1184.

(2) Proudhon, *du Domaine public*, t. V, N° 1512. — Pardessus, t. I, N° 118 et suiv. — Demolombe, t. 1, N° 191.

(3) Cass., 22 janv. 1858. S., 1858, I, 402.

(4) Cass., 24 août 1852.

(5) « On serait souvent en peine, après vingt-cinq ans de révolution, de retrouver aujourd'hui ces règlements, que des intérêts particuliers ont pu faire disparaître dans des temps d'anarchie, mais là où l'usage ancien peut encore être prouvé, on ne doute pas que cette preuve ne fût admise, même par témoins..... » (Dubreuil, *Législation des eaux*, t. I, p. 178.

A défaut de règlements particuliers ou locaux, les tribunaux ont un véritable pouvoir discrétionnaire, ils peuvent se prononcer *ex æquo et bono*, en conciliant toutefois l'intérêt de l'agriculture avec le respect dû à la propriété (art. 645). A eux donc d'apprécier si *les eaux peuvent être utiles* (art. 645) aux parties litigantes et dans quelle mesure. A eux d'aviser aux moyens les plus surs et les plus efficaces pour arriver à une équitable répartition. A eux d'assurer à l'agriculture la protection et les encouragements dont le législateur voudrait la voir soutenue : mais à eux aussi de protéger la propriété, et non-seulement la propriété territoriale, mais encore la propriété industrielle, le droit de l'usinier.

Lorsque les tribunaux ont jugé la contestation qui s'est élevée entre les riverains, ce jugement fait la loi des parties ; chaque riverain doit se conformer au règlement qui lui a été imposé ; mais cette décision ne peut engager les propriétaires riverains qui n'étaient pas partie dans la cause, d'après la maxime : *Res inter alios acta, aliis neque nocere neque prodesse potest.*

Voilà quel est le rôle que la loi a confié à l'autorité judiciaire : elle juge mais ne gouverne pas. A l'autorité administrative, au contraire, est réservée une mission, sinon plus élevée, au moins plus complexe, une mission d'où dérive une grave responsabilité. Le rôle de l'État est de veiller à l'intérêt collectif des nationaux, à la prospérité des industries, de prévenir les causes d'insalubrité, d'empêcher les désastres des inondations, etc., de gouverner en un mot. C'est donc à l'autorité administrative qu'appartient la police générale des cours d'eau. Elle agit toutes les fois que son intervention peut être utile ou nécessaire, sans avoir besoin d'être provoquée par les réclamations des particuliers.

Peu lui importent les intérêts privés. C'est au point de vue de l'utilité générale du pays et dans l'intérêt collectif de tous les riverains que l'administration est investie d'un pouvoir de surintendance et de haute tutelle. Elle n'est pas tenue de se conformer aux règlements, soit particuliers, soit locaux ; comme elle agit dans un intérêt général, son pouvoir ne peut être arrêté par les conventions des particuliers, ni même par la possession la plus ancienne. Sans doute l'Administration doit autant que possible prendre pour règle de ses actes la conciliation des intérêts divers que recommande l'article 645, et mettre le moins possible ses prescriptions en opposition avec les droits acquis. Mais comme le règlement nouveau a véritablement force de loi, il abroge l'ancien en tout ce qui pourrait contrarier ses dispositions, et les titres privés ne continuent de produire entre les parties que ceux de leurs effets qui sont compatibles avec les dispositions nouvelles ; car, comme le dit M. Demolombe, il n'y a pas de convention ni de prescription qui puisse s'élever au-dessus du droit de la société elle-même (1).

Enfin les décisions de l'Administration ont le caractère de lois : elles sont obligatoires pour tous les riverains sans distinction et sont essentiellement révocables suivant les exigences de l'intérêt public (2).

Nous avons vu tout à l'heure que les tribunaux devaient, dans tous les cas, conformer leurs décisions aux règlements locaux, c'est-à-dire à ces dispositions générales par lesquelles l'Administration pourvoit à l'intérêt collectif des riverains.

En pratique, il peut se présenter des conflits assez graves. C'est ainsi que l'on a beaucoup controversé touchant le pouvoir de l'autorité judiciaire en présence d'un arrêté administratif rendu au profit d'un particulier. Supposons l'exemple suivant : un usinier, qui a besoin d'une plus grande quantité d'eau pour alimenter son usine, obtient de l'Administration l'autorisation de surélever le cours des eaux ; mais comme, en fait, les ingénieurs ont mal pris leurs mesures, le reflux des eaux inonde les fonds voisins. De là réclamation des propriétaires riverains demandant des dommages-intérêts et la destruction des travaux.

Tout le monde reconnait aux tribunaux le pouvoir d'accorder des dommages-intérêts (art. 1382). Mais là où la controverse s'élève,

(1) Proudhon, *Dom. publ.*, t. V, Nos 1521 à 1525. — Demolombe, t. I, N° 199.

(2) Proudhon, *Dom. publ.*, t. IV, N° 1167 — Daviel, t. II, N° 577. — Demolombe, t. I, N° 199.

c'est sur la question de savoir s'ils ont également le droit d'ordonner la destruction des travaux autorisés par l'Administration.

La Cour de cassation, jusqu'en 1864, s'est prononcée pour la négative (1). En effet, dit-on, la première conséquence qui résulte de la séparation établie par la loi entre les pouvoirs judiciaire et administratif, est que la demande, qui a pour objet de modifier ou de révoquer en tout ou en partie un acte administratif, rentre dans les attributions de l'autorité administrative. « Ne s'agit-il, disait M. Duplan, dans le rapport qui a précédé l'arrêt du 26 janvier 1841, que de dommages occasionnés par les travaux que l'Administration a autorisés, le pouvoir judiciaire est compétent. Mais s'agit-il de la modification des travaux, comme ce serait toucher à un acte administratif, l'Administration est seule compétente. » La solution contraire aurait pour effet de porter atteinte non-seulement à l'intérêt privé, mais à la prospérité des établissements industriels. Elle aboutirait également à augmenter les tiraillements et les difficultés entre l'Administration et la justice, et il serait à craindre que les juges ne cédassent trop facilement aux réclamations qui seraient portées devant eux. D'ailleurs, ajoute-t-on, les juges dans ce système, restent parfaitement libres de fixer des dommages et intérêts aussi élevés qu'ils le veulent, et de rendre ainsi complètement indemnes les propriétaires victimes de la surélévation des eaux. Dans tous les cas, ceux-ci n'ont qu'à s'adresser à l'Administration qui peut toujours retirer ses arrêtés.

Telle fut longtemps la jurisprudence de la cour de cassation, ce qui fit dire à M. Pardessus que ses arrêts avaient poussé *jusqu'à l'excès du scrupule* le respect des actes administratifs (2). On ne peut se dissimuler que la doctrine qui n'accorde aux tribunaux que le droit de prononcer des dommages-intérêts, et leur interdit d'ordonner toute mesure contraire aux autorisations accordées par l'autorité administrative, ne pose une règle d'une application facile, et garan-

(1) Cass., 14 fév. 1838. S., 1838, I, 418. — Cass., 2 juillet 1839. S., 1839, I, 845. — Cass., 26 janv. 1841. S., 1841, I, 409. — Cass., 27 nov. 1844. S., 1845, I, 593.

(2) Pardessus, *Servitudes*, t. II, N° 339.

tissant mieux le principe de la séparation des pouvoirs judiciaire et administratif. Mais elle repose, ce nous semble, sur une confusion d'idées (1). Aussi la cour de cassation est revenue depuis sur son ancienne jurisprudence et a décidé, dans un récent arrêt du 16 avril 1873, que : « L'autorité judiciaire est compétente pour

(1) « Sans doute, lorsque l'Administration, après avoir procédé à l'instruction d'usage, reconnaît que la sûreté ou la salubrité publique ne s'oppose pas à ce qu'un établissement insalubre ou incommode soit autorisé dans un certain emplacement, les tiers conservent bien encore le droit de demander des dommages et intérêts devant les tribunaux, si les inconvénients de cet établissement excèdent les obligations ordinaires du voisinage; ils peuvent même demander et les tribunaux peuvent ordonner des mesures de précaution supplémentaires, pourvu que ces mesures ne contredisent pas les prescriptions de l'Administration (Civ. rej. 17 fév. 1873. D. P., 1873, I, 372. — Civ. cass. 26 mars 1873. D. P., 1873, 1, 353). Mais ils ne peuvent demander le déplacement ou la suppression de l'établissement en se fondant sur ce que l'Administration a mal apprécié les considérations de police qu'elle avait à peser à cet égard. Ils ne le peuvent pas en ce qui concerne les industries régies par le décret du 15 octobre 1810, parce que ce décret a organisé dans le sein même de l'autorité administrative une juridiction chargée de statuer sur les réclamations de ce genre. Le Conseil de Préfecture et le Conseil d'État sont juges au contentieux de la question de savoir si le Préfet ou le Sous-Préfet (selon les cas) a fait, non pas un acte contraire à des droits préexistants, mais un bon ou un mauvais acte d'administration, en accordant ou en refusant l'autorisation. Ils ne le peuvent pas non plus pour les autres autorisations que l'Administration est appelée à délivrer en dehors du décret précité, parce que ces autorisations, sur lesquelles il est statué au point de vue de la police, ne lèsent en général que des intérêts et non des droits proprement dits. Mais supposons que le débat, pour l'une comme pour l'autre de ces catégories, soit porté sur le terrain du droit; supposons qu'un industriel, avec l'autorisation de l'Administration, construise un établissement quelconque sur le terrain d'autrui, ou bien, au mépris d'un contrat par lequel il se serait engagé envers telle personne, à ne pas fonder d'établissement de ce genre dans une localité déterminée; très-certainement cette personne ou le propriétaire du terrain dont il s'agissait pourrait demander aux tribunaux et les tribunaux pourraient ordonner la suppression des constructions faites en violation du droit de propriété ou de la convention intervenue, et il ne serait nullement nécessaire de poursuivre préalablement devant l'Administration l'annulation de l'acte d'autorisation. La jurisprudence nouvelle à laquelle nous venons de faire allusion, s'applique donc, en ce qui touche les travaux que l'Administration autorise, non-seulement au droit d'allouer des dommages-intérêts, mais encore au droit d'ordonner la modification ou la destruction des ouvrages qui porteraient atteinte à des droits. Il n'en serait pas de même, on le sait, des travaux publics,

ordonner la suppression des travaux autorisés par l'Administration sur un cours d'eau non navigable, alors que l'arrêté d'autorisation a été pris sur la demande et dans l'intérêt purement privé d'un riverain, et sous la réserve des droits des tiers (1). »

A l'appui de ce second système on invoque l'argument suivant :

lorsque l'Administration, par erreur ou autrement, fait exécuter un travail public sur un terrain qu'elle n'a pas régulièrement exproprié ou acquis à l'amiable ; les tribunaux peuvent bien ordonner la discontinuation provisoire de ce travail, ils ne peuvent pas en ordonner la destruction.

On a fait encore une autre objection. On a dit que l'Administration qui *concède* un travail public ne l'ordonne pas, qu'elle se borne à l'autoriser, et que cependant les tribunaux ne peuvent pas plus prescrire la destruction d'un travail public concédé que d'un travail public ordonné ou exécuté par l'Administration; d'où l'on conclut qu'il n'y a aucune différence à faire entre l'un et l'autre. Mais cet argument s'arrête à la surface des choses; ils ne pénètre pas le sens d'ailleurs complexe du mot *concession*. Lorsque l'Administration, empêchée par des raisons financières, économiques ou autres, de pourvoir immédiatement, par elle-même à un travail public, le concède à un particulier ou à une compagnie, elle ne délivre pas une simple permission de police; elle remplit, sous une autre forme, le devoir légal qui lui incombe d'assurer l'exécution des travaux de ce genre; elle se substitue un représentant pour l'accomplissement de ce devoir, et elle ne se borne pas à lui accorder l'autorisation d'effectuer le travail concédé, elle lui en impose l'obligation formelle sous diverses sanctions, qui peuvent aller jusqu'à la déchéance de la concession. C'est si bien elle-même qui agit alors par l'intermédiaire de son concessionnaire, que celui-ci est armé du droit d'expropriation pour cause d'utilité publique, du droit de faire des fouilles et de prendre des matériaux dans les propriétés soumises à cette servitude, en un mot, des droits que les lois et règlements confèrent à l'Administration pour l'exécution des travaux publics. Il n'y a rien de semblable quant aux simples permissions ou autorisations de police. Le permissionnaire agit pour son compte, non pour celui de l'Administration ; aussi est-il pleinement libre d'user ou de ne pas user de la permission, et s'il n'en use pas, l'Administration n'a ni intérêt ni qualité pour le contraindre à en user; aussi n'est-il pas non plus investi du droit d'expropriation. La distinction entre les travaux privés et les travaux publics, soit exécutés directement, soit concédés, subsiste donc tout entière. L'Administration, lorsqu'elle permet ceux-là, ne fait que constater que l'intérêt public n'aura point à en souffrir, et elle réserve virtuellement, même sans le dire, tous les droits des tiers, y compris, par conséquent, celui de demander aux tribunaux la suppression de ces travaux, s'ils portent, en effet, atteinte à un droit.... » (Conclusions de M. l'Avocat-général Reverchon).

(1) Cass., 16 avril 1873. D. P., 1873, I, 373. S., 1873, I, 182.

Aux termes des articles 644 et 645 du Code civil, et de la loi du 25 mai 1838, l'autorité judiciaire est seule compétente pour connaître des contestations entre les propriétaires riverains des cours d'eau non navigables ni flottables au sujet de leurs droits respectifs sur la jouissance de ces eaux. Cette compétence ne reçoit aucune atteinte, des arrêtés individuels par lesquels l'Administration, en vertu des pouvoirs de police que lui confèrent les lois des 12-20 août 1790, 28 septembre, 6 octobre 1791, l'arrêté du 19 ventôse an VI et les décrets des 25 mars 1852 et 13 avril 1861, permet l'établissement de certains travaux sur ces cours d'eau. En effet, ces arrêtés, pris exclusivement dans un intérêt privé, sur la sollicitation d'un riverain, n'expriment qu'une chose: à savoir que l'intérêt public n'a rien à souffrir de ces travaux et n'ont pour but ni pour effet de modifier les droits qui peuvent appartenir à l'ensemble collectif des autres riverains.

Remarquons, d'ailleurs, que loin d'altérer le principe de la compétence et de préjudicier aux droits des tiers, ces permissions individuelles renferment toujours la réserve expresse des droits des tiers. Or, cette réserve ne serait ni complète ni efficace, si elle ne laissait pas à ces tiers la faculté de demander au tribunal, avec la réparation, sous forme de dommages-intérêts, du préjudice causé dans le passé, la suppression des travaux qui ont causé ce préjudice et le reproduiraient dans l'avenir.

Limitée, ainsi que le prétend le système contraire, à la possibilité d'obtenir une indemnité, cette réserve ferait produire aux arrêtés qui n'ont voulu accorder qu'une simple permission *salvo jure alieno*, une sorte d'expropriation indirecte de ce droit, ou plutôt l'établissement d'une servitude particulière au profit du permissionnaire, à charge d'indemnité. Or, cette conséquence, la loi la repousse formellement dans l'article 639, où elle dit formellement que les servitudes ne peuvent être établies qu'en vertu de la situation des lieux, des lois ou de la volonté de l'homme.

CHAPITRE IV.

DE L'EXTENSION DONNÉE AU DROIT D'IRRIGATION PAR LES LOIS DE 1845 ET DE 1847.

L'étude que nous avons présentée, jusqu'à présent, du régime des eaux, les nombreuses et très-difficiles controverses qui ont dû s'y produire, attestent au plus haut degré à quel point notre législation est incomplète sur cette matière.

Nous verrons maintenant, en exposant l'économie des lois nouvelles, combien, malgré ces quelques innovations heureuses, il resterait encore à faire. Le Législateur se trouvait, depuis la promulgation du Code, en présence de difficultés sérieuses qu'on le pressait de résoudre; il a soigneusement évité, il faut l'avouer, de toucher à celles qu'il jugeait les plus considérables et les plus délicates, et celles qu'il n'a pas craint d'aborder, il ne les a tranchées qu'avec beaucoup de timidité et d'hésitation; aussi, même dans l'étude des lois, dont il nous reste à nous occuper, la controverse devra-t-elle encore trouver sa place.

Ce quatrième chapitre se divisera naturellement en deux parties, consacrées à l'étude des deux lois du 29 avril 1845 et du 15 juillet 1847.

§ I. — Loi du 29 avril 1845 sur les Irrigations.

Depuis longtemps déjà les jurisconsultes et les publicistes réclamaient l'amélioration de la législation des eaux dans ses rapports avec l'irrigation, et les plaintes étaient d'autant plus vives, que la plupart des législations européennes, notamment celles de Sardaigne, de Lombardie, de Prusse, de Wurtemberg, nous avaient donné l'exemple de plusieurs améliorations importantes. Dès 1823, l'auteur du *Droit rural Français* écrivait : « La loi ne dit pas si un particulier qui a besoin d'eaux, pour l'irrigation d'un héritage peut contraindre son voisin à lui livrer passage au moyen d'un aqueduc pour les faire parvenir sur lui. Le Code n'ayant pas établi cette servitude légale, il la rejette évidemment ; le gouvernement aurait le droit, dans l'intérêt public, de constituer des servitudes de cette espèce. » M. Neveu-Derotrie disait de son côté en 1845, dans ses *lois rurales françaises* : « Les cours d'eau sont d'une telle utilité pour l'agriculture, ils sont généralement recherchés avec tant de soin, qu'ils méritent la plus sérieuse attention du législateur. Un projet de loi concernant les irrigations doit être incessamment discuté devant les Chambres. » Tous, en un mot, comprenaient que la prospérité de l'agriculture en France dépendait en grande partie de l'amélioration des prairies et par conséquent d'un bon système d'irrigation. Le premier rapport de M. Dalloz au Corps législatif nous révèle cette préoccupation. « L'abondance des troupeaux, y est-il dit, le développement de la race chevaline, et, par suite, l'accroissement des engrais et le bon marché des matières animales sont subordonnées à l'étendue et à la fertilité des prairies ; et la prospérité des prairies dépend, à son tour, de la facilité des irrigations, particulièrement dans les régions où la chaleur et l'humidité de la température ont besoin d'être ramenées par les efforts de l'homme à un équilibre que la nature ne leur a pas donné... »

Durant la session législative de l'année 1843, M. d'Angeville, député, mu par le sentiment des besoins de notre agriculture, fit à la Chambre des députés, cette proposition : « Les travaux d'irrigation des propriétés rurales entrepris, soit collectivement, soit individuellement, pourront être déclarés d'utilité publique. Cette utilité le sera dans les formes voulues par la loi du 3 mai 1841. » Il fut répondu que c'était à l'État seul et aux délégataires de sa puissance que notre droit public avait réservé le privilége de l'expropriation. Mais, en assimilant au cas d'enclave (art. 682, C. civ.), ou au passage nécessaire pour l'exploitation des héritages, l'opportunité ou le refus de laisser passer des eaux sur des fonds intermédiaires, on convertit la proposition d'Angeville en celle d'une servitude légale de passage des eaux. De là est venue la loi du 29 avril 1845 sur les irrigations (1).

La rubrique sous laquelle les rédacteurs de cette loi ont jugé à propos de la placer, semblerait annoncer des réformes considérables; il faut convenir cependant qu'elle est quelque peu prétentieuse, eu égard au but qui a été atteint. La loi de 1845, ainsi que nous avons déjà eu occasion de le dire, loin d'aborder franchement et de résoudre enfin toutes les difficultés dont le Code

(1) Une loi générale et complète sur les irrigations serait une grande œuvre, elle demanderait un ensemble de dispositions qui en feraient un véritable Code et un Code assez étendu. Elle devrait, en effet, embrasser tout à la fois les grands canaux d'irrigation, dérivés des fleuves et rivières, dépendant du domaine public, les irrigations produites à l'aide des eaux privées telles que les sources, les étangs, les eaux de pluie et de neige recueillies dans des réservoirs, enfin les eaux souterraines ramenées sur le sol par les puits artésiens. Pour les grands canaux exécutés par l'État ou délégués à des Compagnies, elle aurait à organiser un système de répartition des eaux et à régler les conditions auxquelles elles seraient livrées à l'agriculture. Relativement aux cours d'eau ordinaires, elle aurait à résoudre un grand problème, celui de savoir si ces cours d'eau doivent demeurer le partage exclusif des riverains immédiatement contigus, ou profiter aussi, comme de bons esprits le demandent, à toute propriété même non riveraine, que son niveau rend susceptible d'irrigation. Cette loi générale aurait enfin à concilier l'intérêt des propriétaires des prairies avec celui des propriétaires d'usines et à faire prospérer l'agriculture sans nuire à l'industrie. L'élaboration de cette loi offre donc, on n'en saurait douter, une tâche immense. (M. Dalloz, rapport sur la loi du 29 avril 1845.)

avait laissé la solution incertaine, renvoyant au Code rural qu'on pensait promulguer bientôt et dont nous n'avons encore que des projets, la loi de 1845 s'est contentée de consacrer deux institutions nouvelles, et encore, par la trop grande généralité des termes dans lesquels elle est conçue, donne-t-elle lieu à d'assez graves controverses. « Loin de saisir l'occasion d'une réforme, pour en faire passer d'autres de compagnie, disait M. Daviel, on a systématiquement cantonné dans les plus étroites limites l'innovation proposée. De la formation des associations d'arrosage, mesure indispensable pour porter sur des vastes étendues les bienfaits de l'irrigation, du partage des eaux entre les usines et les prairies, des questions si incertaines de propriété,... pas un mot dans la loi nouvelle.

La loi de 1845 contient deux dispositions principales. C'est en premier lieu, la création d'un droit de passage pour les eaux d'irrigation, à travers les fonds qui séparent le maître de ces eaux du lieu où il a le droit de se les approprier (art. 1 et 2). En second lieu, elle établit une servitude d'aqueduc au profit de terres inondées, dans le but de faciliter l'écoulement des eaux nuisibles. Cette innovation aux principes étroits du code civil en cette matière ne rentrait pas directement dans l'objet de la loi, mais son opportunité la fit admettre sur un amendement présenté inopinément à la Chambre, et malgré l'opposition du rapporteur de la Commission (art. 3). Enfin les articles 4 et 5 consacrent des dispositions communes à l'une et à l'autre hypothèse.

L'article premier accorde au propriétaire qui voudra se servir, pour l'irrigation de ses propriétés, des eaux naturelles ou artificielles dont il a le droit de disposer, un droit de passage sur les fonds intermédiaires (1).

Cette première disposition présente de grands rapports avec

(1) Art. 1er. Tout propriétaire qui voudra se servir, pour l'irrigation de ses propriétés, des eaux naturelles et artificielles, dont il a le droit de disposer, pourra obtenir le passage de ces eaux sur les fonds intermédiaires, à la charge d'une juste et préalable indemnité. Sont exceptés de cette servitude, les maisons, cours, jardins, parcs et enclos attenant aux habitations.

l'article 682, relatif à la servitude d'enclave. « Il y a assurément, disait M. Dalloz, beaucoup d'analogie entre un sol qui ne donne que le tiers ou le quart de ce qu'il pourrait produire avec l'irrigation, et le sol qui ne peut être cultivé à raison de l'enclave. Cette analogie, qui est réelle, devient une véritable similitude s'il s'agit d'un terrain tout-à-fait stérile qu'on peut féconder au moyen de l'irrigation. »

Notons cependant cette importante différence dans la rédaction des deux textes : « Tout propriétaire enclavé *peut réclamer*, » dit l'article 682. « Tout propriétaire qui voudra se servir des eaux, *pourra obtenir*... » dit l'article premier de notre loi. Ainsi, le premier consacre un droit que les tribunaux ne peuvent pas refuser dès que l'enclave est justifiée ; le second, au contraire, laisse à leur pouvoir discrétionnaire la faculté d'accorder ou de refuser le passage demandé. Et même, tout en reconnaissant que la demande est fondée sur un intérêt vraiment sérieux, tout en accordant le droit de passage, ils pourront spécifier l'endroit où devront être placés ces mêmes tuyaux, de façon à causer le moins de dommage possible aux fonds intermédiaires, ils pourront enfin restreindre la surface des fonds à irriguer.

La loi n'accorde la servitude qu'au propriétaire du fonds à irriguer ; le texte est conçu dans les termes les plus restrictifs, et il nous semble difficile d'en appliquer le bénéfice à un usufruitier, et encore moins à un fermier. Le propriétaire pourrait, en effet, au moment où il recouvrerait la jouissance de son héritage, exiger le rétablissement des lieux dans leur état primitif ; et il ne faut pas que les fonds assujettis restent exposés à des changements pareils, qui pourraient leur devenir préjudiciables (1).

Il importe de remarquer que dans l'intention formelle du législateur, la servitude du passage d'eau n'a été établie qu'en vue

(1) Garnier, *Comment. de la l. de* 1845, p. 16. — De Parieu, *Revue de législ.*, 1845, p. 17. — Bertin, *Code des Irrigations*, p. 64. — M. Demolombe refuse bien au fermier le bénéfice d'invoquer l'art. 1er de la loi de 1845, mais il l'accorde à l'usufruitier comme au propriétaire (*des Servitudes*, t. I, N° 205.)

d'un intérêt d'irrigation sérieux et parfaitement justifié. Ainsi de riches propriétaires ne pourront pas l'imposer aux fonds inférieurs sous le prétexte d'une parcelle de terrain à convertir en prairie, mais en réalité pour la commodité d'une maison de campagne ou l'embellissement d'un parc, c'est à-dire, dans un intérêt de pur agrément domestique ou même industriel ; cette loi n'a pas pour but de favoriser le roulement des usines, de même que l'irrigation des terres : ces deux intérêts sont essentiellement distincts, et notre loi ne les assimile nullement (1).

Mais il ne faudrait pas, exagérant le principe posé, refuser au propriétaire qui a obtenu ou qui veut obtenir le droit de conduire sur sa terre des eaux éloignées, la faculté de les utiliser accessoirement à d'autres usages, si l'emploi qu'il en fait a pour objet réel la fertilisation du sol. Nul doute, à notre avis, qu'avant d'employer les eaux à l'arrosement de ses prairies, il ne puisse les distribuer dans les bassins de luxe d'un parc ou d'un jardin, nul doute encore qu'il ne puisse faire le même emploi du volume excédant ses besoins. L'essentiel, nous le répétons, est que le but principal soit l'irrigation, et que l'emploi accessoire qui peut être fait des eaux n'aggrave en rien la situation du fonds servant (2).

Peu importe d'ailleurs la nature des eaux, dont le propriétaire des fonds à irriguer a le droit de disposer, qu'il s'agisse d'eaux vives ou mortes, d'eaux courantes, stagnantes, naturelles ou artificielles (3).

De même, il n'y a point à distinguer en vertu de quelle cause le propriétaire qui demande la servitude de passage, a le droit de disposer des eaux. Tout d'abord, il ne saurait s'élever de difficultés pour les eaux dont on est propriétaire absolu, eaux de sources, de

(1) Cass., 29 juin 1859. S., 1859, I, 766. — Garnier, *Comment. de la loi de* 1845, p. 9. — Bertin, *Code des Irrigations*, p. 264. — Demolombe, t. I, N° 205. — *Secùs* M. Dumay sur Proudhon, *du Dom. publ.*, t. IV, N° 1452.

(2) Garnier, *Comment. l.* 1845, p. 9. — Demolombe, t. I, N° 205.

(3) Demante, *Cours analyt*, t. II, N° 495 *bis*. — Garnier, *Comment. l.* 1845, p. 4. — Demolombe, t. I, N° 206.

lacs, d'étangs, eaux de puits artésiens, eaux de pluie qu'on amasse dans des citernes, en un mot pour toutes celles sur lesquelles on a seul un droit de disposition exclusive (1). Et il faut assimiler ici au propriétaire l'ayant-cause de ce propriétaire, un acheteur de ces eaux, le concessionnaire d'une prise d'eau sur un fleuve navigable, lorsqu'il tient régulièrement ses droits de l'Administration (2).

La question devient délicate lorsqu'il s'agit des riverains d'une eau courante, qui doivent, aux termes de l'article 644 du Code civil, la rendre à son cours naturel après s'en être servis. Peuvent-ils en distraire une partie, et, invoquant la servitude d'aqueduc de l'article premier, conduire cette portion sur une terre plus éloignée et non riveraine?

Nous pensons que si, en présence de l'article 644 du code civil, on pourrait, sans trop hésiter, se prononcer affirmativement, le doute n'est plus permis. Comment croire en effet que le législateur, préoccupé avant tout de favoriser l'irrigation, ait laissé de côté le cas d'application le plus fréquent, l'usage des eaux des rivières non navigables? N'est-il pas présumable et presque évident qu'en disant: « Tout propriétaire qui voudra se servir des eaux dont il a le droit de disposer (3), » il a en vue le riverain des petits cours d'eau? N'en avons-nous pas une preuve irrécusable dans le rejet de la proposition Bethmont, proposition consistant à remplacer les mots: *dont il a le droit de disposer*, par ceux-ci: *dont il est propriétaire*? Quel est le but qu'aurait atteint la loi, si l'irrigation restait limitée aux héritages riverains, et y aurait-il lieu, en dehors de ce cas, à une application bien fréquente de la servitude d'aqueduc?

L'intérêt de l'agriculture achève de nous décider à partager

(1) Cass., 9 fév. 1857. S., 1859, I, 500, — Demolombe, t. I, N° 208.

(2) Demante, t. II, N° 498 *bis*. — Daviel, *Comment. de la l.* 1845, p. 14. — Demolombe, t. I, N° 209.

(3) Art. 1, l. 29 avril 1845.

cette opinion. Le riverain, tenant ce droit d'irrigation de sa qualité même de riverain, se trouvant, d'autre part, en présence des droits égaux de ses co-riverains, ne pourra s'attribuer dans l'usage des eaux une part plus considérable que celle nécessaire à sa terre riveraine ; mais comment s'opposer à ce qu'il emploie cette portion de la façon que son intérêt lui conseille de l'employer ?

La difficulté fut d'ailleurs prévue lors de la discussion de la loi, et, sur une interpellation à ce relative adressée par M. Fillon, le rapporteur de la Commission, M. Dalloz, répondit en ces termes : « Dans l'hypothèse d'une propriété riveraine qui veut faire passer les eaux sur une parcelle intermédiaire, afin d'irriguer une autre propriété inférieure qui lui appartient, le propriétaire ne pourra obtenir de l'Administration, au détriment du propriétaire inférieur, le droit de dériver une quantité d'eau plus considérable que celle qui sera afférente à celle de sa propriété riveraine. » Ainsi, il ne pourra détourner que le volume qu'absorberait sa terre riveraine, mais ce volume, le rapporteur affirme bien implicitement qu'il pourra le dériver au profit de sa terre non riveraine, et, par conséquent, user à cette fin de la servitude d'aqueduc établie par l'article premier (1).

Faut-il appliquer la même solution lorsque le propriétaire riverain a cédé a un autre propriétaire non riverain le droit d'usage qu'il a d'après l'article 644 sur les eaux de la rivière ? Celui-ci peut-il, se basant sur la loi de 1845, demander le passage des eaux aux propriétaires des fonds intermédiaires ?

Après avoir établi la validité de la cession (2), il nous est impossible de reculer ici devant sa conséquence et devant l'application rigoureuse des termes de la loi de 1845, article premier. « Tout propriétaire, y est-il dit, qui voudra se servir pour l'irrigation de ses propriétés des eaux naturelles ou artificielles dont il a le droit

(1) Cass., 8 nov. 1854. S., 1855, I, 49. — Garnier, *Comment. l.* 1845, p. 12. — Demante, t. II, N° 498 *bis*. — Bertin, *Code des Irrigations*, N°s 290 et suiv. — Demolombe, t. I, N° 210. — *Secus* Daviel, *Comment. l.* 1845, p. 14 et 22.

(2) Voir *supra*, p. 145.

de disposer, pourra obtenir le passage de ces eaux sur les fonds intermédiaires, à la charge d'une juste et préalable indemnité. » La loi n'exige donc point la qualité de riverain ; il suffit que l'on ait le droit de disposer des eaux pour qu'on puisse obtenir le passage sur les propriétés intermédiaires. Or, le propriétaire même non riverain, qui a obtenu une concession de prise d'eau, a le droit de disposer de cette eau, dont il est séparé par une propriété intermédiaire, donc il se trouve littéralement dans le texte même de la loi (1).

En serait-il de même du propriétaire non riverain, auquel l'Administration aurait concédé une prise d'eau sur une rivière navigable ou flottable ? Ce concessionnaire pourrait-il obtenir le passage pour les eaux ou les fonds qui séparent sa propriété de la rivière ?

La cour de cassation se prononce ici et avec juste raison, selon nous, pour la négative. En d'autres termes, le propriétaire non riverain, qui n'est que concessionnaire de l'Administration, ne peut, sans le consentement du propriétaire riverain, obtenir le droit de passage des eaux, créé par la loi de 1845. Le motif, c'est que la situation de ce concessionnaire est toute différente de celle du précédent. Il a une concession d'eau de l'administration, il n'a rien de plus ; il lui faut le moyen de l'exercer. L'autre avait reçu du riverain le droit de dériver l'eau, de la prendre à son bord et de la conduire à travers son fonds. Lui n'a rien de semblable, et il n'a pu rien recevoir de semblable de l'Administration, qui ne saurait toucher aux droits de propriété du riverain. Que faudrait-il donc admettre, pour donner dans ce second cas le bénéfice de la loi de 1845 au concessionnaire ? Que lui, non riverain, pourra, pour l'exercice de sa concession, imposer au fonds riverain, non-seulement une servitude de passage, mais encore une servitude de prise d'eau avec tous les ouvrages nécessaires à cet effet.

La discussion et le texte de la loi repoussent un aussi grave

(1) Cass. 9 févr. 1858. S., 1859, I, 500. — Garnier, *Comm. l.* 1845, p. 11 et suiv. — Demante, t. II, N° 498 *bis*. — Demolombe, t. I, N° 211.

résultat. Il faut, d'après elles qu'on ait le droit de disposer des eaux là où on veut les prendre. Ce n'est pas avoir le droit d'en disposer sur le sol du riverain, que d'avoir une concession de l'Administration sans le consentement de ce riverain. On trouve d'ailleurs, dans la loi cette pensée, qu'il ne faut pas permettre à l'Administration de concéder trop facilement des prises d'eau aux propriétaires non riverains, au préjudice des propriétaires riverains (1).

Dans la discussion de la loi de 1845, on a demandé que, conformément au vœu de plusieurs Conseils généraux, les propriétaires, dont les fonds seraient traversés par la conduite des eaux, fussent admis à demander le partage des eaux lorsqu'elles excèderaient les besoins de ceux qui en réclameraient le passage, sauf à compenser cet avantage jusqu'à due concurrence avec l'indemnité qu'ils auraient à payer. Quelque spécieuse que fût cette demande, elle n'a pas été accueillie. Si les riverains du canal ne demandent que le surplus des eaux nécessaires à l'auteur de la dérivation, ils s'entendront facilement entre eux; mais la dérivation ne sera entreprise ordinairement que pour un volume d'eau strictement nécessaire à ce dernier. Il y avait de l'inconvénient à créer une sorte de communauté entre le propriétaire des eaux et ceux des fonds traversés. Donner un droit positif à ces derniers sur les eaux de passage, c'eût été ouvrir une source de contestations sans cesse renaissantes sur le volume et l'excédant de ces eaux, sur l'appréciation de leur valeur, le cas d'exercice du droit de partage. La seule crainte de ces contestations eût suffi pour détourner les propriétaires de pratiquer des dérivations d'eau, quelque avantage qui eût pu en résulter pour l'agriculture.

Le propriétaire qui a obtenu la servitude d'aqueduc a, par voie de conséquence, tous les droits accessoires nécessaires à son exercice : tels sont le droit de passage sur les bords, la faculté de faire le curage et toutes les réparations utiles. Tel est, par dessus tout, le droit d'écoulement sur les fonds inférieurs, consacré par l'article

(1) Cass., 15 nov. 1854. S., 1855, 1, 446.

2 de la loi (1). Cette nouvelle disposition tient par un lien intime à la première; c'est en quelque sorte la même servitude qui se continue sur les fonds inférieurs. Le législateur avait cependant besoin de s'en expliquer formellement, au risque d'anéantir à peu près l'heureuse innovation qu'il venait de consacrer.

M. Demolombe fait d'ailleurs observer qu'il appartiendra aux magistrats de décider quels sont ceux des fonds qui devront être considérés comme inférieurs, et servir par suite à l'écoulement. Il se pourrait, dit-il, que ceux vers lesquels la pente du sol dirigerait naturellement les eaux, ne fussent pas néanmoins assujettis à les recevoir, si par exemple, on y rencontrait de grandes difficultés d'exécution, ou encore s'ils étaient relativement d'un tel prix que l'équité commandât de donner une autre direction à l'écoulement (2).

Une restriction commune aux deux servitudes établies par les articles 1 et 2, c'est celle qui en affranchit les maisons, cours, jardins, parcs et enclos attenant aux habitations. Le mot maison indique ici tous les bâtiments quelconques, sans distinguer s'ils servent ou non à l'habitation. Il faut considérer comme enclos les héritages que leur genre de clôture, à raison des usages du pays, peut faire regarder comme spécialement réservés pour le service ou l'agrément des fonds auxquels ils attiennent. Les parcs et enclos, pour être dispensés de ces servitudes doivent être attenants à une habitation (3).

(1) Art. 2. Les propriétaires des fonds inférieurs devront recevoir les eaux, qui s'écouleront des terrains ainsi arrosés, sauf l'indemnité qui pourra leur être due.

Sont également exceptés de cette servitude, les maisons, cours, jardins, parcs et enclos attenant aux habitations.

(2) Demolombe, t. I, N° 210. — Garnier. *Comm. l.* 1845, p. 26. — Dumay sur Proudhon, *Dom. publ*, t. IV, N° 1452 — Bertin, *Code des Irrigations*, N°s 353 et 355.

(3) Bourguignat, *Guide du draineur*; N°s 20 et 21. — Garnier, *Comm. l.* 1845, p. 25. — Bertin, *Code des Irrigations*, N°s 321 à 323. — Demante, t. II, N° 498 *bis*. — Demolombe, t. 1, N° 221.

L'une et l'autre servitude ne peuvent être établies, bien entendu, que moyennant indemnité; les articles 1 et 2 sont formels sur ce point. Une dernière remarque doit être faite relativement à cette indemnité : c'est que l'article premier de la loi l'accorde toujours aux propriétaires des fonds *traversés*, tandis que l'article 2 dit seulement, à l'égard des propriétaires des fonds *inférieurs*, qu'elle pourra leur être due et par suite leur être refusée. On justifie cette différence, en disant que l'eau qui s'écoule dans ce dernier cas sur les fonds, sera parfois un bienfait et nullement une cause de dommage, et qu'il est juste alors de ne pas donner d'indemnité. Au contraire, pour le propriétaire du fonds traversé, il y a toujours un terrain pris pour l'aqueduc, des travaux qui lui préjudicient, par suite une source d'indemnité.

Nous en sommes arrivés à la seconde partie de la loi de 1845 (1); nous avons dit, au début de cette étude, comment, non prévues au moment où l'on discutait les deux premiers articles, les dispositions nouvelles furent introduites sur un amendement improvisé, et malgré une certaine opposition de la part de la commission, empruntées à l'article 630 du Code Sarde, elles forment une des innovations les plus heureuses et les plus utiles au développement de l'industrie agricole; les lois de 1854 et 1856, que nous étudierons bientôt, n'ont fait que les compléter.

M. Passy, devant la Chambre des pairs, en exposait ainsi l'utilité : « C'est à titre d'amendement que la disposition de l'article 3 a obtenu sa place dans le projet de loi, et avec beaucoup de raison, à notre avis; si quelque chose, en effet, peut sembler étrange, c'est qu'une telle disposition n'existât pas dans notre législation. Rendre à la culture des terrains submergés, ce n'est pas seulement élargir les superficies où se produit la richesse territoriale, c'est aussi assainir le sol, et tarir dans leurs sources des maladies sous le poids desquelles succombent annuellement de

(1) Art. 3. La même faculté de passage sur les fonds intermédiaires pourra être accordée au propriétaire d'un terrain submergé en tout ou en partie, à l'effet de procurer aux eaux nuisibles leur écoulement.

malheureuses populations. Assurément, il serait difficile d'imaginer une œuvre plus utile, et que réclame plus impérieusement l'intérêt public (1). »

Nous ne nous étendrons pas sur l'application de l'article 3; les développements que nous présenterons sur la loi de 1854 ne seraient que la reproduction de ceux que nous pourrions donner ici.

Les différentes servitudes constituées par la loi de 1845 n'appartiennent pas de plein droit au propriétaire du fonds dominant; c'est aux tribunaux qu'il appartient de juger de l'opportunité de leur établissement. « Ce que l'article 682 a établi pour l'enclave, nous l'instituons, disait M. Dalloz, pour le passage des eaux, avec cette différence seulement, que ce qui est absolu pour l'enclave, nous l'établissons ici comme facultatif pour le pourvoir judiciaire qui pourra, selon les cas, accorder ou refuser la servitude, suivant qu'elle sera ou ne sera pas justifiée par un intérêt d'irrigation réel et sérieux. »

L'article 4 confère encore aux juges civils le droit de fixer le parcours de la conduite d'eau, ses dimensions et sa forme; mais ce pouvoir ne leur appartient évidemment que dans le parcours de l'eau à travers la propriété assujettie; une fois parvenues sur sa terre, le propriétaire peut les employer en suivant tel mode d'irrigation qu'il lui conviendra d'adopter.

Les tribunaux sont chargés de déterminer le chiffre de l'indemnité à payer aux propriétaires des fonds asservis. M. Dalloz exposait ainsi, dans son rapport, les éléments de cette indemnité: « Dans cette appréciation doit entrer, non seulement la valeur du terrain en lui-même, dont le propriétaire servant se trouve privé par le canal et ses dépendances, mais encore l'évaluation du préjudice que lui causent la confection et l'existence du canal, et la séparation de sa propriété en deux ou plusieurs parties. »

Le législateur déclare enfin, dans l'article 5, qu'il ne déroge

(1) *Moniteur* du 27 mars 1845.

en rien par les présentes dispositions, aux lois existantes sur la police des eaux.

§ II. — Loi du 11 juillet 1847 sur les irrigations.

La loi du 29 avril 1845, en accordant aux propriétaires qui avaient la disposition d'une masse d'eau la faculté d'obtenir une servitude d'aqueduc pour conduire ces eaux sur leurs fonds, avait fait disparaître un grand inconvénient; mais cette loi était insuffisante. Il arrivait le plus souvent que les dispositions du législateur en matière d'irrigations restaient lettre morte, à cause de la surélévation naturelle des fonds riverains par rapport aux cours d'eau. En effet, il eût fallu établir un barrage pour élever les eaux à la hauteur des terres à irriguer, et nous avons vu que sous l'empire du Code, les auteurs et la jurisprudence refusaient aux riverains d'un seul côté, qui voulaient user du droit établi en leur faveur par l'article 644, la faculté d'appuyer ce barrage sur la rive opposée (1).

Déjà, lors de la discussion de la loi de 1845, il avait été question de consacrer par une disposition spéciale la servitude d'appui; cette servitude fut admise en principe par la commission, mais les Conseils généraux n'avaient pas été consultés sur ce point, comme ils l'avaient été sur la servitude d'aqueduc; et ce scrupule joint à la crainte de compromettre la loi par une disposition insuffisamment étudiée, fit préférer l'ajournement.

La faculté qu'introduit la loi de 1847 au profit du riverain d'un cours d'eau non navigable, est donc le complément nécessaire de la servitude d'irrigation introduite par la loi de 1845. « Elle semble, en effet, disait M. Dalloz, le rapporteur de la loi, une conséquence naturelle du droit d'irrigation lui-même, puisque sans elle, ce droit devient souvent stérile; car tout le monde sait que le

(1) Voir *supra*, p. 142.

lit des rivières est communément inférieur à celui de leurs bords qu'elles ne peuvent féconder que par l'élévation artificielle du niveau de leurs eaux (1). »

La servitude établie par la loi de 1847 donne droit au propriétaire, qui en a obtenu la concession de l'autorité judiciaire, d'appuyer sur la propriété du riverain opposé, les ouvrages d'art nécessaires à sa prise d'eau, à la charge d'une juste et préalable indemnité (2).

La servitude est accordée pour les eaux dont on a le droit de disposer; on peut appliquer ici les observations auxquelles a donné lieu l'article premier de la loi de 1845.

La servitude d'appui, de même que celle de la loi de 1845, n'existe pas de plein droit, c'est une faculté que les tribunaux sont toujours maîtres d'accorder ou de refuser, suivant les circonstances. « Il a paru sage d'environner l'exercice de ce droit de toutes les garanties propres à empêcher qu'il ne devienne exclusivement le moyen de satisfaire un caprice, ou de tracasser un voisin, sans offrir aucun résultat sensiblement profitable à l'agriculture. »

Le législateur excepte de la servitude les bâtiments, cours et jardins attenants aux habitations. Cette expression *les bâtiments* a été dans la loi de 1847, et sur la demande de M. Gillon, substituée au mot *maison* qui se trouve dans la loi de 1845. Cette substitution a eu lieu, pour éviter toute difficulté et pour qu'il fût bien entendu que la servitude ne pourrait être réclamée lorsqu'il s'agirait d'une construction quelconque.

L'exception ne s'étend pas non plus aux parcs et enclos; les tribunaux conserveront, dans ce cas, le droit de refuser, de leur

(1) Séance du 8 avril 1847.

(2) Art. 1er. Tout propriétaire qui voudra se servir, pour l'irrigation de ses propriétés, des eaux naturelles ou artificielles dont il a le droit de disposer, pourra obtenir la faculté d'appuyer sur la propriété du riverain opposé les ouvrages d'art nécessaires à sa prise d'eau, à la charge d'une juste et préalable indemnité.

Sont exceptés de cette servitude les bâtiments, cours et jardins attenants aux habitations.

propre autorité, la concession de la servitude, s'il en doit résulter des inconvénients sérieux.

L'indemnité due par le propriétaire riverain qui aura obtenu le bénéfice de la servitude d'appui, ne sera due que pour la valeur du terrain occupé par les travaux du barrage, sauf le droit pour le propriétaire de la rive opposée de se pourvoir en dommages-intérêts suivant le droit commun, au cas où il éprouverait un préjudice dont ce barrage serait la cause ; telle serait l'inondation qui résulterait sur ses terres du refoulement opéré sur les eaux.

Le riverain, sur le fonds duquel l'appui est réclamé, peut toujours demander l'usage commun du barrage, en contribuant pour moitié aux frais d'établissement et d'entretien (1). Il n'est dû alors respectivement aucune indemnité, et celle qui aurait été payée doit être rendue.

La rédaction primitive de l'article 2, proposée par la Commission, était ainsi conçue : « Le riverain sur le fonds duquel l'appui sera réclamé, pourra toujours demander *à profiter du barrage*.... » Mais sur une proposition de M. Creton, il fut modifié ainsi : « Le riverain sur le fonds duquel l'appui sera réclamé, pourra toujours *demander l'usage commun* du barrage... » Il est donc certain que la contribution aux frais du barrage n'existe qu'autant que l'*usage même du barrage* sera réclamé, et non au cas où le riverain *jouirait seulement de l'élévation des eaux*. « J'ai craint, disait M. Creton, que la rédaction de la Commission ne donnât lieu à des contestations sérieuses entre les riverains ; j'ai pensé que les riverains qui n'avaient pas demandé le barrage, qui ne l'avaient pas provoqué, et qui l'avaient purement et simplement laissé faire par des voisins, pou-

(1) Art. 2. Le riverain sur le fonds duquel l'appui sera réclamé, pourra toujours demander l'usage commun du barrage, en contribuant pour moitié aux frais d'établissement et d'entretien ; aucune indemnité ne sera respectivement due dans ce cas, et celle qui aurait été payée devra être rendue.

Lorsque cet usage commun ne sera réclamé qu'après le commencement ou la confection des travaux, celui qui le demandera devra supporter seul l'excédant des dépenses auquel donneront lieu les changements à faire au barrage pour le rendre propre à l'irrigation des deux rives.

vaient toujours user de leur droit facultatif, et profiter de la surélévation des eaux, et qu'ils n'étaient tenus pour cela à aucune indemnité. »

De ces observations et de la rédaction définitive de l'article 2, il résulte que non-seulement les propriétaires supérieurs, mais aussi celui sur le fonds duquel le barrage est appuyé peuvent profiter de la surélévation des eaux, sans avoir à contribuer en rien aux frais de l'établissement ou de l'entretien de ce barrage.

Les articles 3 et 4, qui terminent la loi de 1847, reproduisent textuellement les dispositions des articles 4 et 5 de la loi de 1845, relatifs à la compétence des tribunaux, et au droit de police qui appartient à l'Administration (1).

(1) Art. 3. Les contestations auxquelles pourraient donner lieu l'application des articles ci-dessus, seront portées devant les tribunaux.

Il sera procédé comme en matière sommaire, et s'il y a lieu à expertise, il ne sera nommé qu'un seul expert.

Art. 4. Il n'est aucunement dérogé, par les présentes dispositions, aux lois qui règlent la police des eaux.

CHAPITRE V.

DU LIBRE ÉCOULEMENT DES EAUX PROVENANT DU DRAINAGE.

Le mot anglais *drainage* correspond exactement au mot français dessèchement, et le mot *drain* signifie fosse d'égouttement ou saignée. Ces deux mots drainage et drain, en passant dans la langue française, n'ont point conservé leur signification première. Nous les employons en France pour indiquer un cas particulier de dessèchement du sol, c'est-à-dire la méthode consistant à creuser dans les champs humides à sous-sol imperméable un ensemble de tranchées étroites, plus ou moins profondes, que l'on remblaie ensuite, après en avoir garni la partie inférieure de tuyaux, tuiles, courbes, pierres ou autres substances destinées à donner un libre passage aux eaux contenues dans le terrain, et à les conduire, à l'aide d'une pente convenable, dans des fossés d'écoulement (1).

(1) On a donné dans un journal d'agriculture une ingénieuse définition du drainage, et qui en fera saisir très-bien les effets. « Pourquoi ce petit trou que l'on a placé dans le fond d'un pot de fleur? C'est que sans lui les fleurs mourraient. Il sert à écouler et à renouveler l'arrosage. Pourquoi donc renouveler l'eau? Parce qu'elle donne la vie ou la mort; la vie, lorsqu'elle ne fait que traverser la couche de terre renfermée dans le pot de fleurs; la mort, lorsqu'elle séjourne trop longtemps et en trop grande quantité dans le pot, parce qu'alors elle pourrit les racines, et empêche l'air et l'eau nouvelle d'y pénétrer. »

Le drainage a été pratiqué de très-ancienne date. Les Persans l'appelaient *kérisès*; et, par une combinaison que les Romains ont imitée et qui ne peut avoir été conçue que par des peuples très-intelligents, ces *kérisès* servaient à la fois à assainir des terres qui auraient été inondées, et arroser avec ces eaux des terrains inférieurs, que la sécheresse aurait rendus improductifs.

De nos jours, l'usage de ce moyen d'assèchement s'est augmenté dans de grandes proportions. Les faits sont venus donner la démonstration la plus éclatante des bienfaits immenses qui sont déjà et qui seront bien plus encore, avec le temps, le résultat de ce développement, et c'est avec raison qu'on a appelé le drainage; « l'une des plus grandes améliorations contemporaines et l'une des plus heureuses inventions de l'agriculture (1). » Mais pour lui faire donner tous ses fruits, il faut du temps, de l'intelligence, un capital considérable bien employé, une législation enfin qui favorise la conquête de la science.

Les deux lois qui ont pour la première fois réglementé comme institution nouvelle la matière du drainage sont les lois des 10 juin 1854 et 17 juillet 1856. Il est bon toutefois de noter rapidement au passage certaines dispositions de la loi du 29 avril 1845, qui se rattachent réellement à la matière du drainage plus qu'à celle de l'irrigation.

Nous avons vu que l'article 2 de cette loi soumet les propriétaires des fonds inférieurs à recevoir l'écoulement des eaux que le propriétaire a amenées sur son sol pour en faire l'irrigation; il crée cette obligation parce que le séjour de l'eau amènerait la submersion ou une humidité nuisible à la fécondation de la terre; c'est en quoi cette disposition se rattache à la matière du drainage.

L'article 3 va plus loin; il contient une disposition qui est réellement le principe de la législation sur le drainage. Il établit un droit de passage au profit des fonds submergés par les eaux, à l'effet de procurer à ces eaux leur libre écoulement; mais il n'est encore question que des eaux émergeant à la surface du sol, et il n'était

(1) M. Payen, membre de l'Institut.

point possible d'étendre la portée de ce texte aux terrains marécageux, rendus stériles par les eaux qui les pénètrent, et qu'on ne pourrait chasser qu'à l'aide de tranchées profondes ou de tous autres travaux de canalisation et d'assèchement. L'article 640 du code civil laissait aux propriétaires inférieurs le droit de s'opposer d'une manière absolue à ces ouvrages.

De là la loi du 10 juin 1854 qui, comme on l'a dit, dans le rapport, « n'est que l'explication conforme aux idées de la Chambre de 1845, de l'article 3 de la loi sur l'irrigation, et qui a ainsi pour but essentiel de généraliser la faculté concédée par cet article, de faciliter et d'encourager par suite les entreprises de dessèchement. »

§ I. — Loi du 10 juin 1854 sur le drainage.

La loi du 10 juin 1854 est conçue dans les termes les plus larges, et par conséquent très-favorables pour la propriété. Elle s'applique à tous modes d'assainissement, soit par conduits souterrains, soit à ciel ouvert, que les drains soient établis avec des empierrements ou faits en bois, en fascines ou en tourbe, que des tuiles ou des tuyaux soient employés pour l'assèchement. Elle laisse ainsi, par sa généralité, la voie libre à tous les perfectionnements nouveaux.

Deux hypothèses sont prévues par la loi : celle où l'opération d'assèchement est faite par un propriétaire isolément, et celle où elle est entreprise par une réunion de propriétaires constitués en syndicat.

Dans le premier cas, « tout propriétaire qui veut assainir son fonds par le drainage ou autre mode d'assèchement, peut, moyennant une juste et préalable indemnité, en conduire les eaux, souterrainement ou a ciel ouvert, à travers les propriétés qui séparent ce fonds d'un cours d'eau ou de toute autre voie d'écoulement (1).

Signalons dès à présent une différence entre la loi de 1845 et

(1) Art. 1er, loi du 10 juin 1854.

celle que nous étudions : la première loi n'accorde pas de plein droit le passage au propriétaire auquel il est utile ; elle laisse aux juges le pouvoir de le lui accorder ou de le lui refuser, « la faculté de passage *pourra être accordée*..... » La loi de 1854, au contraire, ne fait pas dépendre l'exercice du droit d'assèchement de l'autorisation du juge ; comme dans l'espèce prévue par l'article 682 du code civil, le droit de passage existe, en vertu de la loi seule au profit des fonds submergés, « tout propriétaire, qui veut assainir son fonds.... *peut en conduire les eaux*,... » Ainsi donc, si le juge est jamais appelé à se prononcer dans de telles questions, ce ne sera pas pour donner une autorisation qui n'est pas nécessaire, mais seulement pour constater si on se trouve bien dans le cas d'application de la loi, et pour déterminer le chiffre des indemnités.

Il faut également remarquer que le passage est autorisé pour conduire les eaux a un cours d'eau ou à toute autre voie d'écoulement. La propriétaire, qui use du privilége conféré par la loi de 1854, ne doit pas se contenter de conduire les eaux à la limite de son héritage, et les abandonner à ce point sur le terrain inférieur, la servitude deviendrait par trop onéreuse pour le fonds servant ; c'est un droit de passage qui lui est accordé sur ce fonds, et sur les fonds suivants, jusqu'à ce qu'il rencontre un ruisseau par lequel se puisse opérer l'écoulement.

L'exercice de la servitude est subordonnée au paiement préalable de l'indemnité ; cette indemnité comprend le préjudice actuel causé par l'établissement des drains, et ne fait pas obstacle à tous autres dommages-intérêts pour les dégradations causées aux fonds servants par suite de l'irruption des eaux, provenant de la négligence dans l'entretien et le curage des drains.

En principe, tous les héritages sont soumis à l'exercice de cette servitude ; on n'en excepte que les maisons, cours, jardins, parcs et enclos attenants aux habitations.

L'article 2 autorise les propriétaires inférieurs à profiter des travaux pour l'écoulement des eaux de leurs propres fonds, mais à la charge de payer : 1° une part proportionnelle dans la valeur des travaux dont ils profitent, 2° les dépenses résultant des modifications que l'exercice de cette faculté peut rendre nécessaires, 3° pour l'avenir, une part contributive dans l'entretien des travaux devenus communs (1).

La loi a réglé comme seconde hypothèse, avons-nous dit, le cas où l'entreprise du drainage est faite par une association de propriétaires. Elle a pensé avec raison qu'il fallait encourager de pareilles associations, et que les travaux d'ensemble, en pareille matière, donneraient bien plus de fruits que ceux qui naîtraient de l'initiative individuelle (2). Mais ces associations ne sont que facultatives ; la loi les encourage, elle les protége, elle ne les crée pas. Chaque propriétaire demeure libre de drainer son champ ou de ne pas le drainer, par suite, de s'associer ou de ne pas s'associer aux travaux de drainage entrepris par autrui.

Les associations ont en notre matière les mêmes droits que les particuliers : tel est le principe de la loi ; c'est-à-dire qu'elles ont les droits d'aqueduc dans les conditions de l'article premier, comme elles doivent admettre tout propriétaire d'un fonds traversé par elles à user des travaux qu'elles ont faits, aux conditions prescrites par l'article 2.

Mais il importe par-dessus tout de noter le privilége important qui leur est conféré par l'article 4. Le législateur a prévu qu'en dehors de l'exercice du droit d'aqueduc établi par l'article premier, les opérations du drainage exécutées par les associations pourraient nécessiter des travaux d'ensemble plus importants, exiger par exemple le sacrifice de certaines propriétés pour créer ou amé-

(1) Art. 2. Loi du 10 juin 1854.

(2) Art. 3. Les associations de propriétaires qui veulent, au moyen de travaux d'ensemble, assainir leurs héritages par le drainage ou tout autre mode d'asséchement, jouissent des droits et supportent les obligations qui résultent des articles précédents. Ces associations peuvent, sur leur demande, être constituées, par arrêtés préfectoraux, en syndicats auxquels seront applicables les art. 3 et 4 de la loi du 14 floréal an XI.

liorer de grandes voies d'écoulement. Il a pensé qu'en pareil cas les intérêts collectifs généraux, représentés par les associations, devraient l'emporter sur l'intérêt privé, et il a autorisé le gouvernement, sur la demande des syndicats, des communes ou des départements, à déclarer les travaux à réaliser d'utilité publique; il a décrété, en d'autres termes, le droit d'expropriation. Voulant d'ailleurs simplifier autant que possible les formes de l'expropriation, il a décidé que le règlement des indemnités serait fait, conformément aux paragraphes 2 et suivants de l'article 16 de la loi du 21 mai 1836, par un jury spécial composé de quatre membres seulement choisis par le tribunal d'arrondissement sur la liste générale et présidé par un membre du tribunal ou par le juge de paix du canton (1).

Les articles 5, 6 et 7, qui terminent la loi de 1854, n'ont pas besoin de long commentaire.

Aux termes de l'article 5, les juges de paix sont compétents pour connaître des contestations qui s'élèveront entre les propriétaires des fonds dominants et les propriétaires des fonds servants, les parties devront en déférer au juge de la situation des immeubles engagés au procès; la décision du juge de paix, quelque modique que soit le chiffre de l'indemnité qu'il prononce, est toujours susceptible d'appel.

L'article 6 contient des sanctions pénales relatives aux délits de destruction totale ou partielle des conduites d'eau ou des fossés évacuateurs; il renvoit du reste aux articles 456, 457 et 463 du Code pénal.

Enfin, l'article 7 porte que la loi nouvelle ne déroge point aux lois qui concernent la police des eaux, c'est-à-dire que, les eaux provenant du drainage une fois déversées dans le lit d'un

(1) Art. 4. Les travaux que voudraient exécuter les associations syndicales, les communes ou les départements, pour faciliter le drainage ou tout autre mode d'assèchement, peuvent être déclarés d'utilité publique, par décret rendu en Conseil d'État. Le règlement des indemnités dues pour expropriation est fait conformément aux paragraphes 2 et suivants de l'art. 16 de la loi du 21 mai 1836.

cours d'eau, et relativement à ce fait, on tombe sous l'action de l'autorité administrative.

§ II. — Loi du 17 juillet 1856 sur le drainage.

La loi de 1854 venait de réaliser un progrès considérable; mais on restait encore bien en retard sur les autres nations, et en particulier sur la Belgique et l'Angleterre. Dans ce dernier pays, en particulier, les travaux avaient été encouragés par le gouvernement anglais qui ne craignit pas de faire pour plus de 180 millions de francs d'avances aux propriétaires : ces prêts étaient stipulés remboursables en 22 annuités avec intérêt de 3 %. Le succès des travaux entrepris fut tel, que les remboursements purent s'effectuer pour la majeure partie en huit ans. Cet exemple ne pouvait manquer d'être suivi en France : lorsque la loi de 1856 a été promulguée, c'est à peine si nous avions 7,000 hectares de terrains drainés.

Nous ne nous étendrons pas sur les détails de cette loi qui ne soulève aucune difficulté sérieuse. Qu'il nous suffise de dire que le législateur affecte une somme de 100 millions de francs, destinée à fournir des avances aux propriétaires qui voudraient entreprendre des travaux de drainage (1). Sur cette somme, une loi de finance détermine chaque année quel chiffre en sera affecté à cet usage; les prêts sont remboursables en 25 ans par annuités comprenant l'amortissement du capital et l'intérêt calculé à quatre pour cent (2).

(1) Une loi du 28 mai 1858 substitue la société du Crédit foncier de France à l'État, pour les prêts à faire en vertu de la loi de 1856.

(2) La loi de 1856, dit l'exposé de motifs, crée une grave exception à ce principe d'économie politique que l'État ne peut ni ne doit se faire le dispensateur du crédit aux entreprises particulières. Mais les résultats obtenus grâce au drainage, l'exemple de l'Angleterre, justifiaient complètement cette mesure exceptionnelle.

Le prix moyen du drainage étant de 200 à 250 francs par hectare de terre, c'est une superficie de 4 à 500,000 hectares, que ce crédit permettrait d'assainir, et on pouvait attendre assurément un résultat beaucoup plus considérable encore, car il était à présumer que l'État, dont le but est de venir en aide à la fortune privée et non de la suppléer, ne prêterait que le tiers la moitié de la somme nécessaire aux travaux en vue desquels le prêt serait demandé.

L'utilité de la loi de 1856 serait incontestable, si elle recevait une application rigoureuse et prudente. Combien n'y a-t-il pas en France d'hectares de terres marécageuses que des travaux de drainage rendraient à la culture des céréales? Mais si, quelquefois on peut accuser de négligence les propriétaires qui ne font pas à leurs héritages les réparations utiles, n'est-ce pas le plus souvent le manque de capitaux suffisants qui paralyse leurs efforts?

Quant à la richesse qui en résulterait, si le drainage arrivait à être plus généralement appliqué, l'exemple de l'Angleterre en atteste hautement. Nous ne saurions mieux faire, du reste, en terminant, que de rapporter les paroles de M. Dumas à ce sujet:

« Les plantes puisent, comme on le sait, leur nourriture dans l'air, dans l'eau, dans le sol, c'est-à-dire dans le sol imprégné d'air et d'eau dans une juste mesure. Si l'eau monte trop près de la surface du sol, les racines s'arrêtent et rampent au lieu de plonger. Si le plan d'humidité est abaissé par l'effet du drainage, l'air pénètre plus profondément et fertilise le sol; les racines l'y accompagnent, et la terre, au lieu d'offrir quinze à vingt centimètres d'épaisseur à la nourriture des plantes, met à leur disposition une couche d'un mètre au moins, quintuplant ainsi la quantité de certains de leurs aliments qui s'élaborent dans ce laboratoire...

« Des statisques météorologiques ou médicales, soigneusement tenues, établissent que les brouillards en sont moins intenses, et moins fréquents, que les fièvres en sont plus rares et moins persistantes, que les épizooties en sont plus éloignées et moins meurtrières.

« Le climat lui-même des pays drainés est vraiment changé; au printemps, le sol n'ayant plus besoin de se débarasser d'une humidité surabondante, s'échauffe dès les premières ardeurs du soleil; on peut dire que sa latitude a fait un pas vers le midi (1) ».

(1) M. Dumas, rapport au Sénat sur la loi du 10 juin 1854.

APPENDICE.

Nous citerons enfin, comme se rapportant directement à notre sujet deux décisions récentes encore inédites, qui confirment, au moins dans les points essentiels, les principes précédemment développés. Nous voulons parler d'un jugement du tribunal civil de Dieppe, en date du 26 décembre 1872, et d'un arrêt de la cour d'appel de Rouen, rendu le 20 août 1873 (Affaire de FOLLEVILLE C. MOREL).

Le jugement et l'arrêt formulent nettement les quatre solutions principales qui suivent :

I.

L'autorité de la chose jugée ne s'applique qu'à ce qui a fait l'objet direct et formel de la décision. Par suite, des parties peuvent, après avoir invoqué une première fois *la convention* à l'appui d'une prétention relative à l'irrigation, reproduire la même demande en invoquant *la loi*. Il n'y a pas alors *identité de cause ni d'objet* entre les deux actions : art. 1134, 1351, cod. civ.; art. 1 et 2, loi du 29 avril — 1 mai 1845, sur les irrigations ;

II.

Le propriétaire d'une source peut en user et en disposer à sa volonté (art. 641), sauf les exceptions *limitativement* édictées par les art. 641 *in fine*, 642 et 643 du code civil ;

III.

L'art. 2 de la loi du 29 avril-1 mai 1845, sur les irrigations, n'est pas *impératif* pour les tribunaux, qui conservent, même pour l'hypothèse spéciale prévue par ce texte, le pouvoir discrétionnaire que leur attribue d'une manière générale, l'art. 4 de la même loi : (résolu, en ce sens, par la cour de Rouen, mais en sens contraire par le tribunal civil de Dieppe); comp. art. 645 cod. civ.;

IV.

L'indemnité dûe aux termes de la loi du 29 avril-1 mai 1845 doit être à la fois juste et *préalable* : par suite elle doit consister en un capital une fois versé : elle ne peut pas consister en une redevance annuelle et successive (Résolu en ce sens par la cour, mais en sens opposé par le tribunal).

Le Tribunal : — Attendu que les sieurs de Folleville ont fait assigner le sieur Morel devant ce tribunal, pour voir dire qu'aux termes de la loi du vingt-neuf avril mil huit cent quarante-cinq, celui-ci sera tenu de recevoir les eaux des sources existant dans leur propriété à Imbleville, lorsqu'elles auront servi à l'irrigation de leur prairie contiguë à la sienne, et située en aval de la leur ; qu'ils offrent à Morel une indemnité de 20 francs par an, pour l'inconvénient que pourra lui occasionner le passage sur son fonds des eaux de leurs sources, et demandent subsidiairement une expertise pour l'évaluation de l'indemnité ;

Attendu que Morel oppose aux demandeurs une exception tirée de l'article mille trois cent cinquante-un du code civil, prétendant qu'il a déjà été statué sur le litige par un jugement de ce tribunal, en date du dix-huit mars mil huit cent cinquante-neuf, confirmé par arrêt de la cour de Rouen, le six juillet suivant ; qu'au fond, il soutient que ceux-ci ont perdu le droit à la propriété exclusive des eaux de leurs sources, et qu'à supposer qu'il en fût autrement, il n'y aurait pas lieu d'accorder ce qui est demandé, la loi de mil huit cent quarante-cinq laissant aux tribunaux le soin d'apprécier si l'avantage concédé est en rapport avec le préjudice que doit éprouver celui contre lequel on agit, et étant constant, en fait, que la force motrice de l'usine du défendeur sera considérablement diminuée, si les eaux, après l'irrigation, ne se déversent à la rivière qu'en aval de cette usine, ce qui serait une conséquence nécessaire de l'autorisation, au cas où elle serait accordée; qu'il s'est rendu incidemment demandeur pour faire décider que les sieurs DE FOLLEVILLE n'ont pas le droit de disposer d'une manière absolue des eaux des sources jaillissant sur leur fonds, soit parce que l'autorisation préfectorale obtenue par ceux-ci n'est pas limitée, soit parce que les eaux desdites sources, étant devenues publiques, sont *tombées dans la communauté négative*; qu'il demande subsidiairement que le droit à l'irrigation soit circonscrit dans certaines limites, et que les experts qui seront nommés soient chargés de faire diverses constatations, et de déterminer une somme fixe pour indemnité, au lieu d'une somme annuelle;

SUR L'EXCEPTION DE CHOSE JUGÉE,

Attendu qu'aux termes de l'article treize cent cinquante-un du code civil, l'autorité de la chose jugée n'a lieu qu'à l'égard de ce qui a fait l'objet du jugement, qu'il faut que la chose demandée soit la même, que la demande soit fondée sur la même cause, que la demande soit entre les mêmes parties, et formée par elles et contre elles en la même qualité;

Attendu que lors du procès sur lequel il a été statué en mil huit cent cinquante-neuf, les époux DE FOLLEVILLE prétendaient faire supporter à MOREL l'égoût des eaux provenant de l'irrigation de leur prairie, *en vertu d'une convention* intervenue le quatorze octobre mil huit cent trente-un, entre leurs auteurs respectifs; que le débat alors était exclusivement circonscrit à l'interprétation à donner à cette convention; que les époux DE FOLLEVILLE ont succombé dans leur prétention relative à cette interprétation, et que MOREL s'étant porté incidemment demandeur pour faire décider que ceux-ci ne pourraient faire passer à travers sa propriété d'autres eaux que celles résultant de la convention du quatorze octobre mil huit cent trente-un, on a fait droit à sa demande incidente, en se fondant sur ce qu'aux termes de l'article sept cent-deux du code civil, les époux DE FOLLEVILLE ne pourraient faire dans leur prairie aucun changement de nature à aggraver la condition de la prairie de leur voisin;

Attendu que, dans le débat actuel, les demandeurs ne revendiquent plus l'exercice d'un droit fondé sur une convention, mais réclament, *en vertu d'une loi spéciale*, la faculté de faire passer des eaux d'irrigation sur le fonds inférieur, moyennant le paiement d'une indemnité au propriétaire de ce fonds; qu'ainsi la cause et l'objet du procès sont essentiellement différents, puisqu'en 1859, les époux DE FOLLEVILLE s'armaient d'une *convention* pour obtenir sur le fonds de MOREL le passage gratuit de leurs eaux d'irrigation, tandis qu'aujourd'hui les demandeurs invoquent *la loi* pour obtenir ce même passage, non plus gratuitement, mais moyennant une indemnité; que si le débat s'agite encore entre les mêmes parties, *la demande n'est plus la même et n'est pas fondée sur la même cause*, et que, dès lors, les conditions voulues pour constituer la chose jugée, aux termes de l'article treize cent cinquante-un du code civil, ne se rencontrent pas dans l'espèce; que vainement MOREL prétend que, dans leurs conclusions, prises en mil huit cent cinquante-neuf, devant la Cour, les époux DE FOLLEVILLE ont parlé de la loi de mil huit cent quarante-cinq, invoquée par eux, comme moyen, à l'appui de leur prétention; que cela fût-il vrai, il n'y aurait pas de chose jugée dans le sens de la loi, puisque la Cour, qui s'était bornée à confirmer le jugement en en adoptant les motifs, n'a pas statué à cet égard;

Attendu que la fin de non-recevoir proposée par MOREL étant écartée, il s'agit d'apprécier si les demandeurs peuvent se prévaloir de la loi du vingt-neuf avril mil huit cent quarante-cinq,

Attendu que cette loi a eu pour but de faciliter, dans l'intérêt de l'agriculture, l'irrigation des fonds qui ne jouissent pas de ce bienfait; qu'elle a créé, à cet effet, une servitude légale, en imposant, dans son article deux, aux propriétaires des fonds inférieurs, *l'obligation* de recevoir, sauf indemnité, les eaux qui s'écouleront des terrains arrosés; qu'à tort MOREL prétend que les tribunaux doivent, en prononçant, concilier l'intérêt de l'opération avec le respect dû à la propriété, et qu'ils peuvent refuser l'autorisation demandée, s'ils voient plus d'inconvénients et de préjudice pour le propriétaire du fonds inférieur, que d'avantages pour le propriétaire du fonds supérieur; que cette prétention ne peut se soutenir en présence du texte de l'article deux de la loi du vingt-neuf avril mil huit cent quarante-cinq, lequel est ainsi conçu : « *Les propriétaires des fonds inférieurs* DEVRONT *recevoir les eaux qui s'écouleront des terrains ainsi arrosés, sauf l'indemnité qui pourra leur être due;* » qu'il y a donc, pour le propriétaire du fonds inférieur, *obligation* de recevoir les eaux provenant d'irrigation, et par suite, obligation pour les tribunaux de consacrer le droit du propriétaire du fonds supérieur, lorsque celui-ci veut obtenir, sur le fonds inférieur, le passage desdites eaux; que la seule question à débattre est celle de l'indemnité; s'il y a désaccord sur le chiffre auquel elle doit être évaluée;

Attendu que ce point étant constant, il ne reste plus qu'à rechercher si les demandeurs ont conservé un droit absolu sur les eaux de leurs sources;

Attendu qu'aux termes de l'article six cent quarante et un du code civil, *celui qui a une source dans son fonds peut en user à sa volonté*, sous la seule limitation du droit que le propriétaire du fonds inférieur pourrait avoir acquis par titre ou par prescription; que le droit du propriétaire d'une source est donc absolu, pourvu que le propriétaire du fonds inférieur n'ait pas un titre ou la prescription à lui opposer;

Attendu que MOREL n'oppose à DE FOLLEVILLE aucun titre pouvant porter atteinte aux droits de ceux-ci; qu'il n'excipe pas davantage d'une prescription qui, d'après l'article six cent quarante-deux du code civil, ne peut s'acquérir que par une jouissance non interrompue pendant l'espace de trente années, à compter du moment où le propriétaire du fonds inférieur a fait et terminé les ouvrages apparents destinés à faciliter la chute et le cours de l'eau dans sa propriété; qu'il prétend seulement que jusqu'en mil huit cent quarante-neuf, les demandeurs ont laissé tomber dans la rivière la Saâne, qui borde leur propriété, les eaux de leurs sources, et qu'en agissant ainsi ils ont perdu le droit à une appropriation exclusive de ces eaux, qui sont tombées dans le domaine public, ou *dans la communauté négative*;

Attendu que les demandeurs, il est vrai, n'ont isolé les eaux de leurs sources que depuis mil huit cent quarante-neuf, mais que le non usage, même plus que trentenaire, de la faculté légale qu'ils avaient de détourner lesdites eaux, n'auraient pu créer de droit au profit de Morel, puisqu'ainsi qu'on l'a dit ci-dessus, le droit de celui qui a une source dans ses fonds, est absolu, à part les deux seules exceptions d'un titre que le propriétaire du fonds inférieur pourrait représenter, ou de la prescription que celui-ci pourrait avoir acquise; que prétendre que la communauté négative profite d'une manière définitive des eaux dont on pouvait user à sa volonté, c'est tirer d'un fait licite une présomption d'abandon d'un droit, et créer ainsi une troisième exception, à côté des deux seules qui ont été édictées par la loi, ce qui est inadmissible;

Attendu que vainement Morel critique la manière dont de Folleville père a utilisé ses sources, en les faisant passer de la rive droite sur la rive gauche de la Saâne, ce qui a modifié leur pente naturelle; que le droit absolu reconnu par la loi au propriétaire d'une source, permet à celui-ci d'en aménager les eaux comme il l'entend;

Attendu que vainement encore Morel prétend que l'arrêté préfectoral qui, en mil huit cent cinquante-huit, a autorisé de Folleville père à conserver deux canaux établis par lui sous la rivière pour conduire les eaux de ses sources dans son étang et à construire un pont-aqueduc par-dessus la rivière, afin de conduire ces mêmes eaux dans sa prairie, est irrégulier; que cet arrêté pris après l'accomplissement des formalités ordinaires en pareille matière, tient état, et que DE FOLLEVILLE peut s'en prévaloir tant qu'il n'a pas été rapporté ;

Attendu que MOREL ne peut objecter davantage que les eaux, après l'irrigation, ne devant se déverser à la rivière qu'en aval de son usine, la force motrice de celle-ci sera notablement diminuée; qu'à supposer que ce résultat soit inévitable, le préjudice qu'en éprouverait MOREL ne pourrait paralyser un droit que les demandeurs puisent dans la loi elle-même: que l'usage essentiellement précaire qu'il a eu de ces eaux pendant un temps plus ou moins prolongé, n'a pu d'ailleurs, ainsi qu'il a été dit plus haut, créer un droit en sa faveur.

Attendu que l'expertise subsidiairement conclue par les parties est nécessaire ; que le tribunal, en effet, ne peut apprécier par lui-même l'indemnité qui appartient à MOREL, pour le passage sur son fonds des eaux provenant du terrain supérieur; qu'il suffira d'un seul expert, la loi de mil huit cent quarante-cinq, dans le dernier paragraphe de l'article quatre, autorisant de n'en pas nommer plusieurs ; que l'indemnité devra porter, non sur une somme fixe à payer en une seule fois, mais sur une redevance annuelle, les intéressés à l'irrigation aujourd'hui, pouvant renoncer plus tard à ce moyen d'amélioration de leur prairie, pour lui en substituer un autre ; que la mission à donner à l'expert devra être circonscrite, certaines constatations demandées étant devenues utiles, soit par suite des dispositions du présent jugement, soit par suite des reconnaissances respectivement passées ; que celui-ci n'aura pas besoin de dresser de plan pour l'intelligence des constatations qu'il aura à faire, un ancien plan produit au procès, ayant été accepté par les deux parties; qu'il devra déterminer la quantité d'eau nécessaire à l'irrigation de la prairie des demandeurs, et le temps pendant lequel cette irrigation se fera, ainsi que cela résulte des conclusions additionnelles prises par ceux-ci ;

Attendu, sur les dépens, qu'ils doivent être mis à la charge de MOREL, qui succombe, que seulement il y a lieu de réserver ceux qui seront occasionnés par l'expertise qui va être ordonnée ;

PAR CES MOTIFS, etc

La cour de Rouen (première chambre civile), saisie par suite de l'appel de M. Morel des questions précédemment tranchées par le tribunal civil de Dieppe, a rendu l'arrêt suivant, lequel confirme sur le fonds, mais toutefois réforme sur quelques points de détail la décision des premiers juges. Voici, du reste, les termes de cet arrêt prononcé à la date du 20 août 1873 : — (Président, M. Jardin; — Avocat général, M. Pouyer-Quertier, conclusions conformes ; — Plaidants, Mes Desseaux, Waucquier du Fraversain, du barreau de Rouen, et de Folleville, du barreau de Douai.

La cour : — Attendu que la chose jugée n'a lieu qu'à l'égard de ce qui a fait l'objet du jugement ; qu'il faut la réunion de plusieurs conditions et spécialement que la demande soit fondée sur la même cause : que *la cause est le principe générateur de la demande :* qu'en mil huit cent cinquante-huit les intimés, prétendaient faire écouler sur l'héritage et dans la rigole de Morel toutes les eaux provenant de leur prairie, sans distinction d'origine, soit celles en découlant naturellement sans que la main de l'homme y ait contribué, soit celles qu'ils y avaient amenées, où qu'ils se proposaient d'y amener, en les prenant dans leurs sources, dans leur étang et même dans la rivière, fondant leur prétention sur une transaction du 14 octobre 1831 ; qu'ainsi leur action impliquait que l'héritage de Morel se trouvait déjà grévé d'une servitude de conduite d'eaux en faveur de leur prairie et qu'ils pouvaient l'exercer sans bourse délier; qu'il est évident dès lors que le principe générateur de la demande était puisé dans la convention ; qu'il a été jugé que la transaction n'assujettissait pas Morel à recevoir d'autres eaux que celles provenant *naturellement* de leur prairie ; qu'aujourd'hui les intimés, loin de revenir sur le passé, le prennent au contraire pour point de départ, reconnaissant que l'héritage de Morel n'est pas soumis à la servitude qu'ils avaient revendiquée, mais qu'ils invoquent une loi spéciale, celle du 29 avril

1845, laquelle consacre, en faveur des développements de l'agriculture, une sorte d'expropriation, et demandent à être autorisés, après avoir arrosé leur prairie avec les eaux de leurs sources, à faire écouler l'excédant de l'irrigation dans la rigole de MOREL; qu'il s'agit donc, non plus de reconnaître la préexistence d'une servitude de conduite d'eaux, mais d'innover, de créer une servitude de cette nature moyennant une juste et préalable indemnité et dès lors en réparant le préjudice causé; que cette fois le principe générateur de la demande réside dans une législation exceptionnelle et non dans la convention; que la cause de la demande actuelle n'a donc absolument rien d'identique avec la cause de la demande formée en 1858; que dès lors l'exception de chose jugée proposée par MOREL n'est pas fondée;

Attendu que celui qui a des sources dans son fonds, en est propriétaire; que par suite il peut en user à sa volonté; qu'il a la faculté d'en disposer en faveur de ses voisins médiats ou immédiats; que par conséquent il peut les employer à arroser les autres parties de son domaine; qu'on objecte que, quant au litige actuel, le fonds dans lequel surgissent les sources est séparé de la prairie à irriguer par un chemin communal; mais que la non contiguité des héritages est chose indifférente, si le propriétaire des eaux obtient l'autorisation de les faire passer sur le fonds intermédiaire, ce qui a eu lieu dans l'espèce; que la libre disposition des eaux des sources n'a d'autres limites que les droits que le propriétaire du fonds inférieur peut avoir acquis par titre ou par prescription et qu'aucune restriction de cette nature n'est invoquée par MOREL; que MOREL ne peut, d'ailleurs, se prévaloir des droits appartenant à celui dont la propriété est bordée ou traversée par une eau courante, puisque les eaux des sources en litige sont versées dans la rivière et ne bordent, ni ne traversent son héritage; qu'il est donc loisible aux intimés de faire servir les eaux de leurs sources à irriguer leur prairie;

Attendu que MM. DE FOLLEVILLE, les intimés, prétendent qu'aux termes de l'article deux de la loi du 29 avril 1845, le pouvoir discrétionnaire attribué par cette loi aux tribunaux n'existe pas pour l'écoulement des eaux provenant de l'irrigation; que les propriétaires des fonds inférieurs sont *forcément* tenus de les recevoir et que toute la mission de la justice consiste à évaluer et à fixer l'indemnité;

Mais attendu que l'article 4, qui charge les tribunaux de concilier l'intérêt de l'irrigation avec le respect dû à la propriété, et qui crée ainsi leur pouvoir discrétionnaire, applique ce pouvoir également à l'une et à l'autre branche de la servitude, à l'écoulement des eaux sur les fonds inférieurs aussi bien qu'à leur passage sur les fonds supérieurs; que l'article 3 consacre une application du même principe, puisqu'en cas de submersion volontaire d'un fonds il laisse aux tribunaux la faculté de ne pas autoriser l'écoulement des eaux sur les terrains inférieurs; que la loi de 1845 a été inspirée par la pensée d'augmenter la richesse publique, mais qu'il est évident que si le préjudice causé par l'écoulement des eaux sur les fonds inférieurs l'emportait sur l'avantage résultant de l'irrigation, l'intérêt général commanderait de ne pas autoriser l'établissement de la servitude réclamée; que d'après le droit commun, l'expropriation, par cela même qu'elle constitue une atteinte au droit de propriété, ne peut s'opérer que par autorité de justice; mais que si le propriétaire en amenant des eaux sur son héritage pouvait, pour leur écoulement, forcer la main à la justice, l'expropriation des fonds inférieurs serait opérée par la seule autorité de sa volonté, et dès lors arbitrairement; que l'article 2, dont les intimés invoquent les termes, se lie à l'article premier, et n'en est que le corollaire; qu'on suppose que le parcours de la conduite d'eau a été étudié dans son ensemble, dans ses deux branches et qu'il a été reconnu que l'irrigation doit procurer plus d'avantages que d'inconvénients, mais qu'alors la concession de la première branche de la servitude entraîne comme conséquence forcée l'établissement de la seconde et que cette différence de situation explique le sens relativement impératif des termes de l'article 2; qu'il suit donc de là que le pouvoir discrétionnaire des tribunaux s'applique même au cas où l'on ne réclame que l'écoulement des eaux sur le fonds inférieur;

Attendu en fait, que MOREL prétend que la prairie des intimés, étant située en contre-bas de la rivière, a besoin, non pas d'être irriguée, mais d'être drainée, que dès lors, il demande que l'expert soit appelé à apprécier s'il y a réellement pour la prairie utilité dans l'irrigation réclamée ; que cette utilité est plus que vraisemblable ; que pourtant, puisqu'une expertise est nécessaire sur d'autres rapports, il n'y a pas d'inconvénients à charger l'expert d'émettre son avis à cet égard ;

Attendu qu'il n'y a pas de raisons pour refuser de charger aussi l'expert d'apprécier, comme le demande MOREL, si le canal ou arrière-fossé, dans lequel les eaux d'irrigation devraient s'écouler, serait suffisant pour les contenir outre celles qui sont dérivées de la rivière, et si cet écoulement serait de nature à produire un remous sous les roues du moulin appartenant à MOREL, puisque l'éclaircissement de ces points pourrait amener l'exécution de certains travaux et servir pour la détermination du chiffre de l'indemnité ;

Attendu que MOREL demande encore que le droit d'irrigation, pour le cas où il serait concédé, ne soit exercé, que conformément aux dispositions du règlement administratif concernant la rivière de Saâne, dès lors que les veilles seulement des dimanches et des fêtes, depuis huit heures du soir jusqu'à pareille heure du lendemain au soir; mais que les eaux des rivières sont des *res nullius* et que les eaux des sources des intimés sont leur propriété absolue et exclusive; qu'on ne saurait donc soumettre ces dernières eaux à l'application d'un règlement administratif qui leur est tout-à-fait étranger ; que seulement les tribunaux devant concilier les intérêts de l'opération avec le respect dû à la propriété, il peut être utile de charger l'expert de rechercher, après avoir déterminé qu'elle sera la durée de l'irrigation, si elle pourrait, sans inconvénient pour les intimés, être exercée dens le même temps que celle autorisée par le règlement relatif à la Saâne, et si, en cas d'excédant de durée, cet excédant devrait être épuisé sans discontinuation ou reporté à d'autres jours qui seraient indiqués; qu'en effet, une combinaison de cette nature pourrait être adoptée, si, étant avantageuse à l'un, elle ne nuisait pas aux autres;

Attendu que les intimés prétendent que l'indemnité à laquelle ils sont tenus peut ne consister qu'en une redevance annuelle ; mais que la loi du 29 avril-1er mai 1845 reproduisant les termes mêmes du Code civil, ne contraint le propriétaire, soit du fonds supérieur, soit du fonds inférieur, de subir le démembrement de sa propriété que moyennant une juste et préalable indemnité ; que l'indemnité n'est *préalable*, qu'autant qu'elle consiste en une somme d'argent et que cette somme est payée avant la prise de possession, l'exécution des travaux et l'écoulement des eaux sur l'héritage du voisin ; qu'une rente ne constitue qu'une promesse de paiement, et qu'une créance soumise à des chances de perte, si le débiteur devient insolvable ; que, même en cas d'abandon ultérieur de la servitude, le propriétaire du fonds servant pourrait ainsi se voir obligé de rétablir, à ses propres frais, les lieux dans leur état primitif ; que les intimés avouent qu'ils n'offrent une redevance annuelle que dans la pensée d'en faire cesser le service s'ils venaient à abandonner le mode d'irrigation par eux proposé ; mais que les conventions même forcées tiennent lieu de loi aux contractants et ne peuvent être révoquées que de leur mutuel consentement ; que l'expropriation une fois consommée est irrévocable et que l'indemnité à laquelle elle donne lieu n'est pas sujette à répétition ;

Attendu que le jugement étant confirmé en majeure partie, l'exécuton en appartient au tribunal dont est appel ;

Adoptant, au surplus, les motifs des premiers juges, etc.

POSITIONS.

DROIT ROMAIN.

I.

Les Jurisconsultes romains rangeaient le rivage de la mer dans la catégorie des choses publiques. *Nec obstat l. 14 de acquir. Rer. domin.*

II.

La distinction des *flumina* en *flumina publica* et *privata* était basée sur la pérennité.

III.

Il n'existait pas en Droit romain de division des *rivi* en *rivi publici* et *privati*, analogue à la division des *flumina* en *publica* et *privata*.

IV.

Il faut rejeter également le système qui attribue à l'État la propriété du lit des *flumina publica*, et celui qui ne lui accorde qu'un simple droit de servitude.

V.

On peut concilier le *principium* et le § 2 de la loi 3 *de fluminibus.*

VI.

On peut concilier le § 2 et le § 4 de la loi 65 *de acquirendo rerum dominio.*

DROIT CIVIL FRANÇAIS.

VII.

Le propriétaire du fonds inférieur n'est jamais tenu de supporter l'écoulement des eaux, que le propriétaire supérieur aurait fait jaillir par des travaux faits sur son fonds, alors même que ces travaux n'auraient pas eu pour but la découverte de l'eau.

VIII.

Le propriétaire du fonds inférieur ne peut jamais être tenu d'opérer le curage du lit des eaux, comblé par une cause naturelle.

IX.

Le propriétaire d'une source peut la perdre et l'anéantir, sans avoir à justifier d'un intérêt quelconque.

X.

Les travaux destinés à faciliter sur le fonds inférieur la chute des eaux de la source, et qui doivent amener la prescription en faveur du propriétaire de ce fonds, doivent nécessairement être faits, au moins en partie sur le fonds où cette source prend naissance.

XI.

Le propriétaire inférieur ne peut acquérir de droits sur la source, sans avoir établi aucun ouvrage, et par le fait seul de la contradiction qu'il aurait opposée au propriétaire de la source, alors même que trente ans se seraient écoulés depuis la notification de cet acte.

XII.

L'article 643 établit une prescription libératoire et non une prescription acquisitive.

XIII.

Les habitants d'une commune ne peuvent, en vertu de l'article 643, réclamer un passage pour parvenir à la source.

XIV.

La prescription peut avoir lieu dans les conditions de l'article 642, lorsqu'il s'agit d'eaux de pluie.

XV.

Le propriétaire d'une usine ne doit pas être présumé propriétaire du canal d'amenée qui sert à l'alimentation de cette usine. Il faut, dans ce cas, appliquer la maxime : *Onus probandi ei incumbit qui agit.*

XVI.

Le propriétaire riverain a le droit d'employer les eaux de la rivière à l'usage du fonds non riverain qui lui appartient ; il peut aussi les céder à un autre propriétaire non riverain. Ces propriétaires peuvent toujours réclamer la servitude d'aqueduc, établie par la loi de 1845.

XVII.

Si le propriétaire riverain réunit à sa propriété le fonds voisin, il a le droit de dériver de la rivière les eaux nécessaires à l'irrigation de ce fonds.

XVIII.

Lorsque le fonds riverain est divisé en plusieurs parties, le propriétaire des parties qui ont cessé d'être riveraines ont le droit de profiter des eaux de la rivière, si l'acte d'aliénation ou de partage renferme une convention sur ce point, ou s'il existe en leur faveur la destination du père de famille.

XIX.

L'article 644 ne s'oppose pas à ce que le riverain d'un seul côté ait le droit de se servir des eaux de la rivière comme force motrice pour l'usage d'un moulin ou d'une usine.

XX.

Le propriétaire non riverain qui obtient de l'Administration une prise d'eau sur une rivière navigable ou flottable, a le droit de réclamer la servitude d'aqueduc établie par la loi du 29 avril 1845.

XXI.

Le propriétaire riverain peut toujours, nonobstant le paragraphe 2 de l'article 1 de la loi du 11 juillet 1847, acquérir la mitoyenneté d'un barrage appuyé en fait sur la maison du propriétaire riverain opposé.

DROIT PÉNAL.

XXII.

L'étranger qui a commis un crime ou un délit en France et a été jugé pour ce fait dans son pays, peut être de nouveau poursuivi en France.

DROIT COMMERCIAL.

XXIII.

Le consentement du mari nécessaire à la femme pour faire le commerce ne peut pas être suppléé par l'autorisation de la justice.

XXIV.

Les tribunaux de commerce français ne sont pas compétents pour déclarer exécutoires en France les jugements rendus par les tribunaux étrangers en matière commerciale.

DROIT ADMINISTRATIF.

XXV.

L'autorité judiciaire est compétente pour ordonner la suppression des travaux autorisés par l'Administration sur un cours d'eau non navigable, alors que l'arrêté d'autorisation a été pris sur la demande et dans l'intérêt purement privé d'un riverain, et sous la réserve du droit des tiers.

XXVI.

Les cours d'eau non navigables ni flottables sont la propriété des riverains.

DROIT DES GENS.

XXVII.

Les tribunaux français doivent réviser les jugements étrangers au point de vue seulement de l'ordre public et de notre police intérieure.

XXVIII.

Un Français, cessionnaire d'un étranger, peut invoquer l'article 14, même en matière civile.

Vu :
Le 16 mars 1874.
Le Président de la thèse,
H. MABIRE.

Vu :
Le 28 mars 1874.
Le Doyen,
BLONDEL.

Permis d'imprimer :
Le 28 mars 1874.
Le Recteur,
FLEURY.

TABLE.

LÉGISLATION ROMAINE SUR LES EAUX.

DES CHARGES ET DES AVANTAGES QUI RÉSULTENT DU COURS NATUREL DES EAUX.

Lille-Imp. J. Danel

www.ingramcontent.com/pod-product-compliance
Ingram Content Group UK Ltd.
Pitfield, Milton Keynes, MK11 3LW, UK
UKHW020214250726
13967UKWH00003B/1467

9 782011 948731